www.tredition.de

AF198316

Heike Kuhlendahl

Wenn Engel heim-
wärts gehen

Gedichte und Geschichten über Trauer und
Verlust einer geliebten Katze

www.tredition.de

© 2015 Heike Kuhlendahl

Verlag: tredition GmbH, Hamburg

ISBN
Paperback: 978-3-7323-7695-7
Hardcover: 978-3-7323-7696-4

Printed in Germany

Das Werk, einschließlich seiner Teile, ist urheberrechtlich geschützt. Jede Verwertung ist ohne Zustimmung des Verlages und des Autors unzulässig. Dies gilt insbesondere für die elektronische oder sonstige Vervielfältigung, Übersetzung, Verbreitung und öffentliche Zugänglichmachung.

Inhaltsverzeichnis

Wundervolle Liebe

Dunkel, im Nebel verhangen liegt die Welt,

Tränen überall, wie Regen der zu Boden fällt.

Grau und trist schein es mir, denn Du bist nicht mehr hier bei mir.

Dein Verlust lastet schwer auf meiner Seele, ich weine und traure,

als würde es kein Morgen geben,

Ich weiß nicht wie es weitergehen soll, ohne Dich, ist hier auf Erden

nichts mehr wundervoll.

13 Jahre hatte ich Dich an meiner Seite, hattest die Trauer weggewischt, die

mich damals hat begleitet.
Gabst mir eine Aufgabe, gabst mir ein Leben,

ohne Dich hätte ich vielleicht
aufgegeben.

Und jetzt ist es, wie es vor 13 Jahren war,
das Leben so leer

und nicht mehr wunderbar.

Werde die Trauer und die Traurigkeit
besiegen, weiß nur nicht wann,

vielleicht erst bis ich zum Regenbogen
fliege.

Momente im Leben

Es gibt einen Moment des Glückes, den man nie wieder loslassen möchte. Dieser Moment beflügelt, man fühlt sich toll und die Welt dreht sich. Diesen Moment möchte man nie wieder hergeben, denn das Gefühl kann man kaum beschreiben.

Es gibt Momente der Liebe. Momente in denen man Liebe empfängt und Momente in denen man unendlich viel Liebe geben kann. Momente die man nie mehr missen möchte. Momente in denen das Herz spricht und man möchte alles umarmen.

Es gibt einen Moment der Stille, in dem man meint, die Welt würde still stehen. Nichts ist mehr so wie es war, aber die Welt dreht sich weiter, obwohl ein Teil dieser Welt nicht mehr unter uns ist.

Es gibt einen Moment der Trauer, in
dem der Himmel weint, die Sonne sich
verdunkelt und das Leben grau und
trist wird. Die Seele schmerzt und zum
ersten Mal im Leben ist man unendlich
hilflos. Dieser Moment hält sehr lange
an, mal drängt er sich stärker, mal
drängt er sich weniger stark in das
Leben. Man weiß nicht wie man atmen,
wie man das Leben bewältigen soll. Und
doch ist dieser Moment für das Leben so
unendlich wichtig. Wer trauern kann,
kann vor allen Dingen lieben und glücklich sein.

Es gibt einen Moment der Erinnerung.
Einen Moment in dem man ein Lächeln
wieder zulässt, in dem man für einen
Moment das Glück kurz wieder spüren
kann. Einen Moment in dem man sein
Herz öffnet und dankbar ist für das was
war. Einen Moment in dem man nicht
fragt WARUM, sondern es so geschehen
lässt.

Und ist diese Erinnerung so voller Liebe, dann kommt der Moment wo alles von vorne beginnt, denn man möchte glücklich sein, ganz viel Liebe schenken, dankbar sein für das was war und für das was kommt. Ganz bewusst geht man diesen Schritt, obwohl man weiß, dass irgendwann der Moment der Trauer wieder da ist.

Der Horizont der Liebe

Der Horizont der Liebe, er ist unermess-
lich, Du in meinem Herzen unvergess-
lich.

Der Horizont der Liebe ein Leben lang,
habe ich gesagt, als ich um Dich bangt.

Der Horizont der Liebe bleibt bestehen,
auch in der Stunde als Du musstest von
mir gehen.

Ich schau hinaus über das weite Feld,
die Sonne kommt heraus, die mein Herz
erhellt.

Der Kelch der Tränen, der meine Augen
füllt, wie schwer es mir fällt, von Nebel
umhüllt.

Den Horizont der Liebe zu sehen, wo unser beiden Seelen wieder zusammengehen.

Der Horizont der Liebe, er bleibt bestehen, bis wir uns beide am Fuße der Regenbogenbrücke wieder sehen.

Land der Erinnerungen

Das Land der Erinnerungen ist wunderschön, du wirst es schon bald sehen.

Mach die Augen zu und wandle, durch
den tiefen Nebel der Dich umgibt, geh
hinauf auf die Berg und schau hinab,
auf das was Du geliebt.

Vier Pfötchen und Augen, die man kann
nicht beschreiben, werden im Land der
Erinnerungen immer bei Dir bleiben.

Fühl das weiche Fell und atme den
lieblichen Geruch wohlig ein, im Land
der Erinnerungen wird Dein Schatz
immer bei Dir sein.

Dein Tier, was hat Dich zu einem
besseren Menschen gemacht, hat der
liebe Gott jetzt zu einem Engel gemacht.

Im Land der Erinnerungen kannst Du
Dein Glück mit Deinem Freund nochmal durchleben, die Gefühle, das Glück,
was er hat Dir doch alles gegeben.

Und so gehst Du als dann und wann ins
Land der Erinnerung, so oft wie Du
kannst.

Dies ist der einzige Weg, deinem Freund
zu begegnen, gib zu es ist ein Segen, dass
es das Land der Erinnerungen gibt, ein
Land wo nur die Liebe siegt.

Meine Gedanken fliegen

Wie soll ich die Trauer besiegen, ich
lasse meine Gedanken fliegen.

Dorthin ganz weit ans große Himmelszelt, wo Du jetzt weilst in einer anderen
Welt.

Lass die Gedanken fliegen, ganz still und
leise, sie sollen sich machen auf ihre
große Reise.

Dorthin wo Du jetzt glücklich bist, Dir
zu sagen, wie einsam es ohne Dich hier
ist.

Dir zu sagen, wie schön das Leben mit
Dir auf Erden war, mit Dir durch Dick
und Dünn das ganze Jahr.

Meine Gedanken sollen helfen nicht zu
vergessen, von Deinen Lieben auf Erden,
die Dich ganz doll vermissen.

Jeden Tag ist der Kelch der Tränen
gefüllt, jeden Tag das gleiche Bild.

Wenn der Fluss der Tränen bei der
Mama versiegt, dann bist Du die
einzige Erinnerung, die mir noch blieb.

Eine Erinnerung voll Liebe und Wärme,
von der Deine Mami bis an Ende ihres
Lebens zehre.

Doch meine Gedanken wollen nicht
vergessen Dir Danke zu sagen, für das
Lächeln in meinem Herzen an glücklichen Tagen.

Jetzt mein lieber Gedanke fliege leise
und nehme meine Träne mit auf die
Reise.

Mein Engel

In der Nacht habe ich meinen Engel
gespürt, sanft und lieb hat er mich
berührt.

Ich wusste, dass Du es bist, der kleine
Engel, der jetzt nicht mehr bei mir ist.

Tief in meinem Herzen bleibst Du
bestehen und wirst mit mir so in
meinem Leben weiter mit mir gehen.

Schöne Erinnerungen begleiten mich,
deine Mami, die so viel weint um Dich.

Du bist der Engel, der jetzt durch die
Wolken fliegt, der jeden Abend in
meinen Gedanken neben mir liegt.

Du bist der Engel den Gott jetzt zu mir
schickt, damit er am Abend den
Himmel mit Sternen bestückt.

Jeder Stern, ein Zeichen für ein
Sternenkind, der jeder Mami am Abend
ein Licht nach Hause bringt.

Und plagt mich die Sehnsucht so sehr, so
wünsche ich mit den Traumschlaf her.

Und kommt dieser Traum zu uns
geschwind, träumen wir gemeinsam,
mein geliebtes Sternenkind.

In Liebe und Dankbarkeit, treffen wir
uns im Traum für alle Ewigkeit.

Der Abschied eines Kätzchens

Das kleine Kätzchen sah das Licht, aber
hineingehen wollte es nicht.
Es lag doch noch in Mamis Arm hier
war alles doch so herzlich und von Liebe
so warm.

Doch der Engel sagte leise du musst jetzt
gehen, irgendwann wirst Du Deine
Mami wiedersehen.

So ging das Kätzchen ins helle Licht,
Tränen benetzten sein Gesicht.

Was wird jetzt werden, wo gehe ich jetzt
hin, über die Regenbogenbrücke zur Tür
dort hin.

Dann kamen ganz viele Tiere herangerannt, nahmen das Kätzchen in den
Arm es war schon gespannt.

Jeder hatte sein Wölkchen, es war wunderschön und von dort oben kann man die Lieben auf Erden sehen.

Mami weint und trauert gar sehr, wie gern wünschte sich das Kätzchen die Mami hierher.

Die anderen Tiere erklärten, dass geht leider nicht und wieder benetzten die Tränen das kleine Gesicht.

Sei nicht traurig sagten die anderen Tiere dann, Du kannst Deine Mami sehen als dann und wann.

Und wenn die Zeit gekommen dann wirst Du es spüren, es wird Dich dann zum Fuße der Regenbogenbrücke ziehen.

Wenn dann die Tür aufgeht Du wirst
schon sehen, kannst Du Deine Mami
wieder in den Arm nehmen.

Bis dahin sind wir Deine Familie, geben
Dir Licht und ganz viel Liebe

Mein Licht

Du warst immer an meiner Seite und ich war froh das es Dich gab. Meine Trauer, meine Tränen nahmst Du mit in Dein Grab.

Als Licht geboren hier auf Erden, sollte es ein tolles Katzenleben für dich werden.

Deine Katzeneltern waren das tollste auf der Welt, sie spendeten Trost und Liebe, auf das sich deine Welt erhellt.

Es war ein Platz wo Licht und Güte strahlte, dort wo man nur mit Herzens- wärme zahlte.

Dort wo keiner was dem anderen neidete und kein Leid den Lebensweg begleitete.

Ein Platz so unendlich warm, es gab keinen Kummer und kein Harm.
Bis dein Licht den Regenbogen sah und vernahm das Ende ist jetzt nah.

Deine Mami hielt Dich in Liebe bis zuletzt, bis der Engel Dich als kleinen Stern ins Wolkenhäuschen setzte.

Von dort oben träumst Du jetzt diesen Traum, vereint zu sein mit Mami in Zeit und Raum.

Irgendwann werden wir uns wiedersehen am Fuße der Regenbogen- brücke und unseren Weg gemeinsam gehen.

Regenbogenland (Gedanken einer Katzenmami)

Ein Engel führte Dich an der Hand ins
wundervolle Regenbogenland.

Am Fuße dieser bunten Brücke hieltest
Du inne, denn Du wusstest nicht, war
das in deinem Sinne?

Nun verlässt Du Mami und Papi, wie
wird es Ihnen ohne Dich gehen?

Du warst Ihr Leben, Du warst Ihr
"Kind", jetzt müssen sie allein ohne Dich
durch Ihr Leben gehen.

Du dachtest Dir, die beiden sind schon
stark und machtest den entscheidenden
Schritt über die Regenbogenbrücke.

Du hast Dein Wölkchen und ganz viel
neue Freunde, daheim bliebt aber deine
traurige Mami, die jeden Tag sich fragt
warum musste das passieren?

Deine Mami ist traurig und hat Angst,
dass Du ihr nicht verzeihst, dass Sie den
Schritt gehen musste, um Dir alle
Schmerzen zu nehmen.

Sie ist unentschlossen, was jetzt
passieren mag, denn das dritte Kind
fehlt in der Familie so sehr.

Überall sieht sie Dich noch stehen und
sitzen und hat Angst einem neuen
kleinen Geschöpf das Herz zu öffnen.

Es muss wohl noch ein wenig Zeit ins
Land gehen, um zu begreifen, es zu
verarbeiten und dann sein Herz wieder
zu öffnen.

Meine Sina ganz tief in meinem Herzen und für mein "Kind" was ich niemals vergessen werde.

Erinnerungen

Wenn der Tag erwacht und die Sonne
ihren Schlafplatz verlässt, dann
erinnere ich mich an Dich.

Wenn der Tag sich dem Ende zuneigt
und die Dunkelheit sich über die Erde
legt, dann erinnere ich mich an Dich.

Wenn meine Tränen meine Augen füllen
und die Erinnerung mein Herz öffnet,
dann erinnere ich mich an Dich.

Wenn mein Lachen den Tag erhellt und
ich Stunden des glücklich sein empfinde,
dann erinnere ich mich an Dich.

Ich erinnere mich an meine kleine Süße,
die mit mir durch Dick und Dünn
gegangen ist. An jene, die mir in guten,
als auch in schlechten Zeit meinem Leben einen Sinn gab.

An eine kleine Tierfreundin, die ich unendlich vermisse.

In der Hoffnung, dass Deine Seele irgendwann wieder den Weg zur Erde findet und wir dann wieder vereint sind.

An meine kleine süße Maus, die immer ganz tief in meinem Herzen leben wird.

In Liebe und Dankbarkeit

Es gab eine Zeit in der ich unglücklich
war, aber dann war dies kleine Katzenkind ganz plötzlich da.

Es hat uns viel Freude gemacht, wir hatten Spaß bei Tag und bei Nacht.

Es ist geklettert, hat gespielt und getobt,
hat Mäuse gebracht, wir haben es ge-
lobt.

Dann hatte es einen riesig großen
Garten, hatte ihre Mäuselöcher, da
Leben ist gut geraten.

Jeden Wunsch haben wir ihr von den
Augen abgelesen, es war unser Schatz,
unser Kind in unserem Leben.

Es war ein Leben voller Freude und
Abendteuer, dass was Sie uns geschenkt
habt war ungeheuerlich.

So viel Liebe und Zärtlichkeit hat Sie in unser Leben gebracht, mit Liebe und Dankbarkeit haben wir Sie bedacht.

In Ihrer Krankheit haben wir Sie begleitet, bis der Engel hat seine Flügel über Sie gebreitet.

Der Engel führte Sie ins helle Licht, bis Sie über die Regenbogenbrücke aus Ihrem Erdenleben bricht.

Heute ist Sie unser heller Stern am Firmament, immer noch Liebe und Dankbarkeit in uns brennt.

Obwohl unser Herz schwer vor Trauer ist, vergessen wir Dich nicht, weil Du immer noch die Liebe unseres Lebens bist.

In Dankbarkeit und Liebe rennen
unsere Tränen über unser Gesicht, den
großen Schmerz müssen wir nicht
erwähnen.

Der Schmerz wird irgendwann kleiner
werden, denn wir glauben daran unser
Katzenkind bald wieder sehen zu werden.

Du bestimmst den Zeitpunkt wir
werden warten.

Als der Engel die Flügel über Dich gebreitet

Als der Engel die Flügel über dich gebreitet, habe ich mich auf Dein Gehen vorbereitet.

Habe dich gehalten und Dir gesagt wie sehr ich dich geliebt, das war das Einzige was mir zu diesem Zeitpunkt noch blieb.

Du bist gegangen ganz sanft und leise, hast Dich gemacht auf Deine letzte Reise.

Die Reise auf der ich Dich nicht begleiten konnte, mein Herz vor Schmerz manchmal nicht mehr schlagen wollte.

Wo bist Du jetzt kann ich Dich sehen, kannst Du manchmal ein Stück mit mir gehen?

Es wird wohl so sein, wenn ich die
Wärme spüre und Dich in meinen
Träumen miauen höre.

Wenn deine Bilder wieder lebendig
werden, dann weiß ich, bist Du im
Traum hier auf Erden.

Wenn die Tränen über mein Gesicht
rinnen, weiß ich das meine Trauer dabei
ist wieder zu gewinnen.

Eine Trauer, die ganz lang währt, weil
ich im Leben Deine Liebe so lange habe
gespürt.

Habe früher nie richtig trauern können,
um meine kleinen Schätzchen, die ich
vor Jahren verlor.

Du mein lieber Schatz, hast mir gezeigt,
wie tief die Liebe im Herzen bleibt.

Liebe und Dankbarkeit war unsere
Leben, ich würde wieder alles dafür
geben.

Alles dafür Dich wieder bei mir zu
haben und die Liebe spüren, die wir uns
gaben.

Lass deine kleine Seele wieder zur Erde,
auf, dass ich Dich finden werde.

Ich schicke eine Träne auf Reisen, möge
sie Deiner Seele den Weg weisen.

Ich bin bereit für weitere Jahre mit Dir
in Liebe und Dankbarkeit.

Die Liebe meines Lebens

Es gab eine Zeit, da war ich für ein
Kind bereit.

Der liebe Gott wollte das wohl leider
nicht, so musste ich üben den Verzicht.

Es gab eine Zeit, die war schwer für
mich, da sah ich in Dein Gesicht.

Es war so schön so graziös, ich wusste
ein Leben mit Dir das war mein Glück-
los.

Es war ein Leben voller Liebe und
Freude, es gab kein Harm, es gab keine
Reue.

Du warst mein Kind für 13 Jahre, ein
tolles Leben das war meine Gabe.

Mit Dir durch Dick und Dünn zu gehen, Dir Liebe zu schenken, das war mein schönstes "Vergehen".

Seitdem Du nicht mehr bist, fließen Tränen über mein Gesicht.

Ein Leben ohne Dich, mein Herz und meine Seele, sie schmerzen mich.

Wie soll dieses Leben für mich weitergehen, ohne einen Schatz wie Dich, ich kann es nicht verstehen.

Die Zukunft liegt in Gottes Hand, ob wir beide uns wohl treffen, ob sich verlängert unser Treueband.

Ich würde es mir wünschen so sehr, wenn Gott mir mein Liebstes würde wieder geben her.

Deine Mami wartet auf Dich, bis Sie wieder sehen kann in Dein Gesicht.

Dann geht das Leben von vorne los und
wieder trifft mich des Lebens Glückslos.

Meine Tränen

Wie lange ist es her, dass ich in Deine
treuen Augen sah, wie lang ist es her,
dass Du mir warst unendlich nah.

Keine Geräusche die ich mehr höre von
Dir, nur Stille um mich herum, hier bei
mir.

Wie ich doch diese Stille hasse, seit ich
Dich musste gehen lassen.

Das Einzige was zu hören ist, sind
meine Tränen, die rinnen über mein
Gesicht.

Sie bilden einen Tränensee, darin kann
ich alle Erinnerungen aus alter Zeit
sehen.

In dieser Zeit bin ich glücklich,
verschmelze mit Dir, ich fühle mich
herrlich, hier bei mir.

Dann holt mich der Alltag wieder ein,
sitze hier bin wieder allein.

Meine Tränen werden auch weiterhin
fließen, damit kann ich Dich immer
wieder genießen.

Genießen so wie es eine lange Zeit war,
wir beide unzertrennlich und für jeden
sichtbar.

So schicke ich meine Tränen auf die
Reise, auf das wir beide uns genießen
können, Tag für Tag für uns ganz leise.

Meine Liebe bleibt ein Leben lang, mit
meiner Seele sehe ich Dich immer mein
geliebter Stern.

Still

Die Sonne senkt sich über den Horizont,
es dämmert grau, meine Gedanken
kommen und gehen, ich höre keinen
Laut.

Es ist so still seit Du gegangen bist, lebst
weiter in meinem Herzen, dort wo jetzt
Dein Zuhause ist.

Mein Leben ist jetzt schwer erfüllt von
Leid und Schmerz, dein Verlust nicht zu
beschreiben, Du warst mein Herz.

Mein Sturm in der Brandung, mein
Schäumen der Gischt, hat mein Leben
erfüllt, gab mir Licht.

Ein Licht das hell mir meinen Weg
gewiesen ist jetzt erloschen, meine
Tränen über mein Gesicht fließen.

Tränen, die zeigen wie sehr ich Dich geliebt, ein Fluss, der niemals mehr versiegt.

Die Liebe, die Du mir hast geschenkt, war mein Leben, ein Leben wie ich glaubte, unbeschränkt.

Doch dann kam die Krankheit und mit ihr die Qual, aus Liebe zu Dir, hatte ich nur die eine Wahl.

Dich zu erlösen, damit Du Dich wieder besser fühlst, an einem Ort, wo man nur die Liebe spürt.

Das Regenbogenland in dem jedes Tier wunderbar ist und auf Erden im Herzen Deiner Mami Du für immer bist.

Glaub mir mein Schatz eines Tages werden wir uns wiedersehen am Fuße der Regenbogenbrücke gibt es ein Wiedersehen

Wann wird die Sonne wieder scheinen

Schöne Augenblicke, die Du mir bescherest hast, bleiben in meinem Herzen, doch im Moment ist es eine Last.

Mein Herz ist so schwer voll Schmerz über Deinen Verlust, zurück bleibt bei mir nur Tränen und Frust.

Das Lachen fällt schwer seit dem, Du nicht mehr bei mir bist, Du warst meine Sonne auf meinem Lebensweg, den Du mit mir gegangen bist.

Diese Sonnenstrahlen, die mich in meinem Leben so gewärmt haben, fallen jetzt durch Wolken, ich kann mich daran nicht mehr laben.

In meinem Leben herrschen jetzt
Gewitter, Wolken und Regen, Tränen
begleiten mein Leben jetzt auf allen
meinen Wegen.

Nur abends wenn die Sonne hinter dem
Horizont versinkt, kommen die Sterne
ans Firmament und ich weiß, dass einer
davon für mich blinkt.

Ich schaue hinauf und weiß das Du bei
mir bist, nur am Abend wo mein Leben
ein wenig glücklich ist.

Irgendwann wird die Sonne hoffentlich
wieder für mich scheinen, dann kommt
bestimmt die Zeit, wo ich muss nicht
mehr so viel weinen.

Bis dahin lebe ich für den Sonnenunter-
gang, dann hebt sich für mich der
Trauervorhang. Dann bin ich meinem
Stern unsagbar nah, meinem
Sternenkind, das ich nur in meinen
Träumen sah.

Ich warte auf die Augenblicke wo ich die Sonne wiedersehen kann, mein Herz ein wenig leichter ist und ich Liebe wiedergeben kann.

Dann bist Du in meinem Herzen immerdar und mir vom Regenbogen-land aus für immer nah.

Die harte Hand Gottes

Warum musstest Du gehen, es war nicht
geplant, warum spürte ich Gottes harte
Hand.

Mein Leben war schon früh ziemlich
hart, Verluste die ich erlitt, musste ich
verarbeiten, auf meine Art.

Dieses kleine Geschöpf gab mir Freude
und Zuversicht, es brachte in mein Leben wieder Licht.

Dann kam die zweite kleine Maus, es
war Leben, Lust und Freude in unserem
Haus.

Alles wurde für diese beiden
Katzenkinder getan, Ihnen ein erfülltes
Leben zu bieten, das war unser Plan.

Wir schlussendlich das Paradies für
diese Katzen fanden, ein Haus mit
riesigem Garten, wo sie tolle Abenteuer
bestehen konnten.

Ein Paradies so sollte es sein, für meine
"Kinder" hier auf Erden so fein.

Nie kam der Gedanke einer müsste jetzt
gehen, die Wirklichkeit kam viel zu
schnell, wir sollten es schon sehen.

Für diese kleine Maus haben wir alles
getan, aufopfernd mit Liebe, doch alle
unsere Mühe vergeblich vertan.

Was jetzt noch bleibt, ist all unsere Liebe
tief in unserem Herzen, dort für immer
und ewig verweilt.

Jetzt ist dieser Schmerz wieder da, so
wie es früher einmal war.

Wo ist mein Licht, wo ist mein Lachen,
ich finde es nicht, was soll ich nur
machen.

Soll mein Leben wieder glücklich sein, so
muss ich einem Kätzchen wieder geben
ein Heim.

Doch diese Zeit ist noch nicht da, der
Schmerz noch zu groß, weil meine kleine
Maus ist nicht mehr da.

Zwei Kätzchen begleiten noch meinen
Weg, doch das Eine was tot, mir so
unendlich fehlt.

So lebe ich mit meinem Schmerz weiter,
bis irgendwann mein Leben ist wieder
heiter.

Dann ist die Seele der kleinen Maus
gewandert in den Körper eines kleinen
Kätzchens, was den Weg zu mir fand.

Ab da wird es wieder aufwärtsgehen
und ich werde die harte Hand Gottes
nur noch von weitem sehen.

Himmelszelt

Dort oben am Himmelszelt such ich
Dich jeden Tag in Deiner Welt

Was hoffe ich zu erhaschen, in den
Wolken, in der Sonne, mir ein Bild davon zu machen, wie es wohl da oben ist,
da wo Du jetzt bist.

Dort die kleinen Engelchen auf ihrem
Wölkchen verweilen, spielen, toben,
lachen und ganz viel Unsinn machen.

Doch ab und zu halten Sie inne, dann
sagt ihnen ihre innere Stimme, ihre
Mami dort unten weint bittere Tränen,
auf, dass die kleinen Engelchen wieder
zurück auf Erden kämen.

Dieser Wunsch wird leider nicht in
Erfüllung gehen, die Mamis können ihre
Engelchen nur im Wind, in der Sonne
und in den Sternen sehen.

Doch irgendwann kommt dieser Tag auf
den jeder zu leben hin vermag.

Am Fuße der Regenbogenbrücke werden
sie sich wiedersehn und selig sich wieder
in die Arme nehmen.

Dann gehen sie den gemeinsamen
Schritt hinein ins Licht, in eine
gemeinsame Welt.

Stunden im Leben eines Katzenkindes

Stunden des Glücks konnte ich mit dir erleben, Du gabst mir Liebe, Zuneigung und Dankbarkeit in meinem ganzen Leben.

Stunden der Liebe waren hier auf Erden, nie hätte man gedacht, dass man ein Teil davon hätte irgendwann einmal hergeben mögen.

Stunden der Dankbarkeit, weil Du ein Zuhause gefunden, was einfach toll war, Stunden der Dankbarkeit haben wir erlebt Jahr für Jahr.

In einer Stunde deines Lebens kam alles zusammen, die Liebe, die Zuneigung und die Dankbarkeit, in der Stunde als Du mit dem Engel in das Licht der neuen Welt gegangen.

Und wenn abends die Sonne ihren Platz
verlässt, sitze ich hier auf Erden und
sehe den Mond, der den Sternenstaub in
den Himmel bläst.

Ich sitze hier und es wird immer
dunkler, der Sternenstaub lässt die
Sternchen funkeln.

Dann fühl ich wieder diese Stunde voll
Dankbarkeit, Liebe und Zuneigung in
meiner Runde.

Nie wird dieses Gefühl vergehen, in
Erinnerung bleibst Du in meinem
Herzen immer bestehen.

Mein Herz hat Platz für ganz viel Liebe
dort bist Du mit Mikosch in ewiger
Liebe.

Und sollte es nochmals geschehen, dann müsst Ihr zusammenrücken, denn jedem Sternenkind werde ich einen Platz in einem Herzen geben.

Vier kleine Pfoten

Vier kleine Pfoten berührten mein
ganzes Leben, vier kleine Pfoten sie
konnten so viel Liebe geben.

Vier kleine Pfoten gingen mit mir durch
Dick und Dünn, gaben mir Hoffnung,
zu finden des Lebens Sinn.

Dann kamen noch vier kleine Pfoten
und somit waren es acht, wir hatten
Spaß und Freude, bei Tag und bei
Nacht.

Acht kleine Pfoten gingen jetzt mit mir
durchs Leben, mit Freude darauf es
wird ein schönes Morgen geben.

Vier kleine Pfoten gesellten sich dann
dazu, in unserem Haus gab es keine
Ruh.

Es war immer was los mit 12 kleinen Pfoten im Haus, dann kam auch schon einmal eine Maus, es ging bei uns zu mit Saus und Braus.

12 kleine Pfoten gaben Liebe und wurden geliebt, nicht daran zu denken, dass es irgendwann mal kein Morgen mehr gibt.

Vier kleine Pfoten wurden auf einmal krank, es brach mir das Herz, Tränen über mein Gesicht ragten.

Für diese vier kleinen Pfoten habe ich alles getan, um dass sie wieder gesund würden, doch ich hatte mich vertan.

Diese vier kleinen Pfoten gingen dann still und leise, in meinem Armen auf ihre letzte Reise.

Vier kleine Pfoten hielt ich bis zuletzt, zu sagen ihr ward mein Leben, ihr ward mein Schatz.

Vier kleine Pfoten sitzen nun im Regenbogenland ohne Schmerz auf ihrem
Wölkchen Rand, sind frohgemut und
trällern ein Lied, dass alle es hören
können

" Wir wurden geliebt"

Meinem Sternchen so nah

Jahre, die wir zusammen verbracht, hat
unser Leben lebenswert gemacht.

Du warst ein Sternchen bevor Du
geboren und warst dann vom lieben
Gott auserkoren, einem Menschen Liebe
zu schenken und so sein Leben
in wunderschöne Bahnen zu lenken.

Dieses Sternchen kam nun auf Erden,
um aus ganz tiefem Herzen unendlich
geliebt zu werden.

Das Sternchen hatte so viel Glück,
bekam Liebe und Zuneigung und wollte
nie wieder zurück.

Es war eine Bindung, die man nicht
beschreiben kann, diese Liebe sollte halten ein Leben lang.

Doch dann hat der liebe Gott entschieden, sein Sternchen wieder zu sich zu holen, es sollte von Erden gehen in Frieden.

Ein Engel reichte dem Sternchen die Hand und nahm es durch ein wundervolles Licht in das tolle Regenbogenland.

Auch wenn das Sternchen im Regenbogenland verweilt und man mit der traurigen Mami die Trauer teilt, bleibt die Liebe im Herzen immerdar, für immer und ewig, ist sie ihrem Sternchen nah.

Das Regenbogenland

Es gibt ein Land, fernab von unseren
Vorstellungen, dort wo bunte Blumen
blühen, wo die Bäume im Wind wehen
und die Bäche glasklar ins Tal laufen.

In dieses Land kannst Du nur über
einen Regenbogen, in den buntesten
Farben, gelangen.

Bist Du einmal dort, wirst Du wieder
jung sein und alle Schmerzen, alle
Qualen fallen von Dir ab.

Als Sternchen bist Du geboren und als
Sternchen ist Dein Platz nun in diesem
wunderschönen Land.

Du wirst durch die Blumenwiesen
laufen, auf die Bäume klettern und
durch die Bäche waten und Dein Leben
ist farbenreich und bunt.

Abends schickt Dir Deine traurige
Mami dann einen Sterngruß in den
Himmel.

Und leuchtend wird am Firmament
stehen:

"Ich habe Dich geliebt und werde Dich
immer lieben"

In Liebe und Dankbarkeit für immer in
meinem Herzen.

Und irgendwann wirst Du Dein
Köpfchen heben, durch die Wiese zum
Fuße des Regenbogens laufen und
wieder in meinen Armen vereint sein.

Himmelslicht

Als kleines Mäuschen bist Du zu uns
gekommen, die Dunkelheit die herrschte
hast Du aus meinem Leben genommen.

Deine und meine Seele sie kannten den
Weg und auch das Ziel, deine hat mich
sicher geleitet und brachte mich
unbeschadet auch durch meine
schwierige Zeit.

Du zeigtest mir was ich nie
vorhergesehen, spürte Fähigkeiten in
mir, vieles begann ich zu verstehen.

Wie fühlte sich Liebe an, man konnte Sie
geben, was war Dankbarkeit, jetzt
wusste ich es was das wichtigste war in
meinem Leben.

Die Liebe der Tiere, die Gott ihnen
gegeben, war das wichtigste für uns
Menschen, um zu finden den Sinn des
Lebens.

Liebe und Dankbarkeit, Achtung und
Vertrauen, auf das soll die Menschheit
schauen.

Und wo findet man diese hier auf
Erden, sieh in die Augen Deines Tieres
und Du wirst es sehen werden.

Sehe wie die Augen Deines Schatzes
strahlen, wenn er schaut in Dein
Gesicht, weiß noch nichts vom Erden
Schatten, denn er trägt in sich des
Himmels Licht.

Dieses Himmelslicht wird immer
leuchten, auch wenn dein Schatz nicht
mehr bei Dir, am Firmament wird er
leuchten für immer und im Ewigkeit

Seelenwanderung

Mami hat auf Dich gewartet Tag und
Nacht, doch die Macht des Todes hielt
über ihr Wacht.

Es waren die Tränen, es war die
Traurigkeit, die Ihr Leben machte zu
einer sinnlosen Zeit.

Wie oft redete sie mit Dir, so zu tun, als
wärest Du noch hier.

Doch dann kam der Drang, dann kam
das Zeichen, auf dass sich das Leben
lenkt in neuen Weichen.

Deine Seele in einer anderen Hülle, Ihr
größter Wunsch, Ihr Leben hätte wieder
Fülle.

Es kommen Gedanken, die Ihr sagen, ja
es ist so sie soll nicht verzagen, denn in
kurzer Zeit wird sie sehen, dass ihr
Schatz hier auf Erden wird wieder mit
ihr gehen.

Und so kommen Gedanken die ihr sagen,
"hey ich bin wieder da", so wie es die
letzten 13 Jahre war.

Von Dir getrennt zu sein war eine Qual,
jetzt bin ich wieder da, das ist meine
Wahl.

Ich bin zwar noch klein und Du wirst es
nicht glauben, vertraue mir, schau
einfach in meine Augen.

Ich habe zwar jetzt einen anderen
Namen, das ist nicht schlimm, aber
meine Gedanken werden Dir sagen, wer
ich wirklich bin.

Ich bin Dein Schatz ich war Dein Leben,
ich bin es wieder, es wird für uns nichts
anderes geben

Und so sitzt diese Mami Tag ein Tag
aus, spielend mit ihrem Katzenkind in
ihrem Haus.

Und wenn der Tag sich zum Ende neigt,
dann küsst sie ihren alten Schatz in einer Urne, denn die Hülle bleibt.

Und so sind die beiden wieder vereint
für ein weiteres Katzenleben, in inniger
Liebe und das ist auch so gemeint.

Kennst Du die Macht der Dankbarkeit

Damals, als man glaubte, das Leben hat keinen Sinn mehr und man sich von Gott und der Welt ungerecht behandelt fühlte, da kannte man die Macht der Dankbarkeit nicht.

Alles was man sich vor seinen Augen gewünscht hatte, ging nicht in Erfüllung.

Liebe, was war Liebe, man kannte dieses Gefühl nicht, was von ganz tief unten wohlig und warm im Herzen endet.

Bis du mein kleines Katzenkind kamst. Danach wusste ich was Liebe war, so innig, so warm ums Herz.

Ich kannte jetzt die Macht der Dankbarkeit. Ich war dankbar dafür, dass man mir dieses kleine Katzenkind

geschickt hatte und es sich um mich
kümmerte ohne zu fragen, was ich für
es tun konnte.

Dann war alles komplett, die Liebe und
die Dankbarkeit bis zur Stunde des
Abschiedes.

Denn dann wurde alles stärker, denn
ich war dankbar für seine Zuneigung
und Treue, ich war dankbar für seine
Liebe in den schwersten Stunden, ich
war dankbar, dass es dieses kleine
Katzenkind gab.

In dieser schwersten Stunde hat es diese
Liebe und Dankbarkeit mit ins Licht
genommen.

Und wenn mich jemand fragt, dann
habe ich das Gefühl der Liebe, wohlig
und warm um mein Herz und die Dankbarkeit tief in meinem Herzen für jetzt
und in alle Ewigkeit.

Heute kann ich sagen, ja ich kenne die Macht der Dankbarkeit, denn alles im Leben hat einen Sinn.

.

Im Herzen so nah

Wie still ist doch die Weite, da wo Du
jetzt bist, die Sonne und die Wolken
wandern, dorthin wo man Dich nie
vergisst.

Ein Herz wird schlagen für immer in
Ewigkeit in mir, meine weiteres Leben
werden ich tief in meinem Herzen
gehen mit Dir.

Die Sonne legt sich leise über den Erden-
rand und uns verbindet wieder dieses
innige Band.

All das was wir erlebt in diesen Jahren,
um ein schönes Leben zu erfahren, kann
uns keiner mehr nehmen, denn es hat
uns beiden so viel gegeben.

So sitzen wir beide, der eine dort, der
andere da und sind uns doch im Herzen
für immer ganz nah.

Viele gute Gedanken

Jeden Tag schicke ich einen Gedanken
auf Reise ganz innig und doch so leise.

Ein guter Gedanken wie damals bei
Peter Pan, den über Berge und Meer
dort vernahm, wo er hinfliegen sollte,
dorthin auf Deiner Wolke.

In diesem schönen Land wo Du jetzt
bist, wo Du auch gar nichts vermisst,
außer Deine Mami dort unten auf
Erden, von der Du immer und ewig
geliebt wirst werden.

Ein guter Gedanke der Kräfte
verspricht, der jeden Wunsch Wirklichkeit werden lässt.

Ein Wunsch Dich jemals wieder zu
sehen, Dich irgendwann wieder in die
Arme zu nehmen.

Es bleiben Gedanke und Wünsche dort oben bei Dir und hier unten auf Erden, denn sie können nicht in Erfüllung gehen, weil sie in anderen Welten schweben.

Doch irgendwann, wenn ich auf der Regenbogenbrücke wandele, dann werden unsere Wüsche und Gedanken wieder ein Band.

Und irgendwann Du wirst schon sehen, werden sie in Erfüllung gehen. Dann wenn wir an der Regenbogenbrücke stehen und gemeinsam in den Himmel sehen.

Die Sonne bist Du

Der Himmel ist grau, die Wolken
schweben schnell, der Wind bläst mal
leis, mal bläst er hell.

Hier unten auf Erden fällt der Regen
leise, dann geht mein Gedanke auf eine
weite Reise.

Wenn eine Träne fällt, dann weiß ich,
ich bin wieder bei Dir, meine Gedanken,
meine Sehnsucht, verlangen nach Dir.

Seit Du gegangen bist, ist alles leer und
still, so wie ich es eigentlich gar nicht
will.

Wenn die Sonne dann durch die Wolken
bricht, dann sehe ich überall Dein
Gesicht.

In den Wolken, dem Wind und den Bäumen, bist Du bei mir und bei den Deinen.

Dann fühl ich die Wärme in meinem Herz, denn Du warst mein Leben, Du warst mein Schatz.

So lebe ich mein Leben Tag für Tag, mit Himmel und grauen Wolken, durch die die Sonne durchzubrechen vermag.

Für einen kurzen Moment bist Du dann bei mir, ich schließe die Augen und schicke meinen Gedanken zu Dir.

Dies soll geschehen bis mein Leben zu Ende ist und Du an der Regenbrücke bist, um auf mich zu warten, dass wir gemeinsam gehen in des Regenbogens Garten.

Die Liebe zu einem Tier

Sie ist nicht zu beschreiben.

Du siehst dieses kleine Geschöpf und es ist um dich geschehen.

Ihr beide wisst, dass ihr Euch all Eure Liebe geben werdet.

Wenn es Dir dann einmal nicht gut geht, dann kommt ein Köpfchen und stupst dich an oder ein mauzen, das sagt eh schau mich an, dann wird es dir wieder gut gehen und es ist so.

In schweren Zeiten ist diese kleine Maus da und macht dein Leben ein wenig fröhlicher.

Es tut gut, dieses kleine Geschöpf zu streicheln, zu knuddeln und mit ihm zu schmusen, das ist dann das größte auf der Welt.

So könnte man die Liebe zu einem Tier beschreiben, sie ist unendlich, voller Dankbarkeit, ohne dass der eine fragt, was bekomme ich dafür.

Es ist einfach nur für dich da ohne viele Worte versteht man sich und es wird nie anders sein.

Das ist der Unterschied zu einem Menschen, die immer nur fragen, was bekomme ich dafür oder die sich von anderen Menschen beeinflussen lassen und dann irgendwann einmal aus deinem Leben verschwinden.

Dies würde dein Tier nie machen, denn diese Liebe ist unendlich überwindet Zeit und Raum und währet ewiglich.

Bis wir uns wiedersehen

Du warst meine Liebe, Du warst mein
Stern, jetzt bist Du an einem Ort so
unendlich fern.

Wie wird es dir dort ergehen, kannst du
mich von Deinem Wölkchen sehen.

Tobst Du mit Deinen Freunden von
Stunden zu Stunde, machst Du Spiele in
netter Runde?

Kann ich Dein Gelächter von dort oben
hören, dass wäre der wunderschönste
Ton, er würde mich nicht stören.

Ein Zeichen von Dir und ich wäre glücklich, bin nach einer Umarmung unendlich süchtig.

Seit Du gegangen, fehlt mir Dein
Geruch, Dein Fell und dein Gesicht, ich
wäre glücklich, wenn Du wieder bei mir
bist.

Doch so wird es nie wieder sein, Du dort
oben und ich daheim.

So werde ich warten auf jedes Zeichen,
bis mein Leben wird gelenkt auf neue
Weichen.

Bis Deine Ohren dann nach oben gehen
und Deine Augen mich sehen an der
Regenbogenbrücke stehen.

Der Abschied eines Kätzchens

Das kleine Kätzchen sah das Licht, aber hineingehen wollte es nicht.

Es lag doch noch in Mamis Arm hier war alles doch so herzlich und von Liebe so warm.

Doch der Engel sagte leise du musst jetzt gehen, irgendwann wirst Du Deine Mami wiedersehen.

So ging das Kätzchen ins helle Licht, Tränen benetzten sein Gesicht.

Was wird jetzt werden, wo gehe ich jetzt hin, über die Regenbogenbrücke zur Tür dort hin.

Dann kamen ganz viele Tiere herangerannt, nahmen das Kätzchen in den Arm es war schon gespannt.

Jeder hatte sein Wölkchen, es war
wunderschön und von dort oben kann
man die Lieben auf Erden sehen.

Mami weint und trauert gar sehr, wie
gern wünschte sich das Kätzchen die
Mami hierher.

Die anderen Tiere erklärten, dass geht
leider nicht und wieder benetzten die
Tränen das kleine Gesicht.

Sei nicht traurig sagten die anderen
Tiere dann, Du kannst Deine Mami
sehen als dann und wann.

Und wenn die Zeit gekommen dann
wirst Du es spüren, es wird Dich dann
zum Fuße der Regenbogenbrücke
ziehen.

Wenn dann die Tür aufgeht Du wirst
schon sehen, kannst Du Deine Mami
wieder in den Arm nehmen.

Bis dahin sind wir Deine Familie, geben Dir Licht und ganz viel Liebe

Im Himmel über mir

Als Dein Herz zu den Sternen ging,
hielt ich voller Schmerz Deinen leblosen
Körper.

Ich wollte Dich behalten, doch es ging
nicht mehr, so schaute ich noch lange
Deiner Seele hinterher.

Seitdem versuche ich Dich zu finden in
jeder Wolke in jedem Stein, sehe des
Abends in den Nachthimmel um für
immer bei Dir zu sein.

Und morgens, wenn ich wach werde
und den hellsten Stern am Firmament
leuchten sehe, dann weiß ich es ist Deine
Seele.

Für immer bei mir wachst Du über
mich, denn Du weißt ich liebe Dich.

Für immer und ewig bis wir uns wiedersehen und ich Dich auf der Regenbogenbrücke wieder in den Arm nehme.

Denke immer daran und vergiss es nie, ich weine jeden Tag um Dich weil ich Dich hab so unendlich lieb.

Mein Stern am Firmament

Wenn ich des Abends durch den Wald
gehe und die Sonne hinter dem Horizont
versinken sehen.

Dann bin ich bei Dir mit meinen
Gedanken und meinem Herz, dann
versuche ich zu lindern meinen
Schmerz.

Mein Blick schweift über das Wasser
und über die Berge, dann fühl ich mich
manchmal wie ein Zwerge, so hilflos und
klein, mein Gott was würde ich dafür
geben, könntest Du wieder bei mir sein.

Ich schließe meine Augen und denke an
Dich, die Bilder der Erinnerung
berühren mich.
Tränen fließen über mein Gesicht, mein
Gott mein Schatz wie lieb ich Dich.

Dann werde ich ruhig und lächle ein wenig, diese Bilder bleiben in mir für ewig.

Die ersten Engelchen verteilen dann ihren Sternenstaub und ich sehe überhaupt nur einen Stern der groß und leuchtend am Firmament steht, es ist mein Schatz der für immer in meinem Herzen bleibt.

So neigt sich der Tag zum Ende, ich falte meine Hände und bete zu Gott, bitte lass uns irgendwann wieder zusammen stehen, soll mein Schatz mit mir gemeinsam über die Regenbogenbrücke gehen.

Mit all meiner Liebe

Mit all meiner Liebe habe ich Dich aufgenommen, Dich gepflegt, Dir ein Leben geschenkt, was Dir wohl gefallen hat.

Mit all meiner Liebe bin ich immer bei Dir gewesen, wir haben gekuschelt, geschmust und unser Leben genossen.

Mit all Deiner Liebe hast Du mein Leben ein wenig lebenswerter gemacht. In den schlimmsten Stunden warst Du bei mir und Deine Liebe hat mir so viel gegeben.

Mit all meiner Liebe haben wir in den letzten Stunden Deines Lebens zusammengelegen und ich habe Dich spüren lassen, wir sehr ich Dich geliebt habe.

Mit Liebe bist Du aus diesem Leben
gegangen und ein Stück meiner Seele
hat Dich auf Deinem Weg begleitet.

All meine Liebe hat Dich seit diesem
Tag festgehalten, in Erinnerungen, die
mir keiner mehr nehmen kann.

Unsere Liebe füreinander wird irgendwann wieder vereint sein.

Bis dahin glüht diese Liebe in unser beider Herzen, wie Dein heller Stern am
Firmament.

Momente im Leben (Teil 2)

Es gab einen Moment im Leben, da wäre ich nicht gern auf dieser Erde gewesen, es war der Moment als Du von mir gegangen bist.

Es war ein Moment im Leben, in dem sich der Schmerz und die Trauer zu einer riesigen Wolke vereint haben, die über mir schwebte.

Es war ein Moment im Leben, in dem sich die Welt weiterdrehte, obwohl sie hätte spüren müssen, dass ein Stück von ihr fehlt.

Es gibt Momente im Leben, da stehe ich still und stumm an Deinem Grab, um mit Dir Zwiesprache zu halten, um Dir zu sagen, wie sehr ich Dich liebe und wie sehr Du mir fehlst.

Es gibt Momente im Leben, da ist der Schmerz und die Trauer da als wäre es gerade erst geschehen und jeder Tag füllt sich mit Tränen, als könnte das Weinen Dich wieder zu mir zurückbringen.

In der Hoffnung, dass es wieder schöne Momente im Leben geben wird, bleibe ich hier auf Erden. Irgendwann wird der Moment kommen, aus dem aus Trauer eine wundervolle Erinnerung werden wird.

Ab diesem Moment wirst Du in meinem Herzen wie eine lebendige Erinnerung Deinen Platz gefunden haben und die Welt wird für mich ein wenig leichter werden.

Doch bis dieser Moment kommt, wird es noch lange dauern.

Kleiner Engel

Kleiner Engel in der Nacht, hast mir im Leben so viel Freude macht.

Warst für mich da in meinen schwersten Stunden, habe in Dir meinen Frieden gefunden.

Hast mich getröstet, aber auch mit mir gelacht, hast in des Lebens Dunkel so viel Licht gebracht.

Doch als der Hauch des Todes über Dir lag, gab es Kräfte in mir, die ich nicht glaube vermag. Habe Dich gepflegt bei Tag und bei Nacht, habe zu Gott gebetet, Dich zu heilen, denn nur er hatte die Macht.

Doch Gott hat entschieden, es wäre Zeit
zu gehen, der Schmerz, die Trauer hat
mein Leben wieder mit Dunkelheit
versehen.

Tag täglich denke ich an Dich, weine,
weil Du mein Schatz nicht mehr bei mir
bist.

Irgendwann werde ich sehen, ich bin
stark wie zwei, denn ich habe Dich in
meinem Herzen, bei jedem Schritt
immer dabei.

Wenn aus Trauer schöne Erinnerung
wird, dann hast Du den Platz in
meinem Herzen für immer erlangt.

Irgendwann werde ich Dich wieder in
meine Arme nehmen, wenn ich aus der
Dunkelheit werde ins Licht gehen.

Dann sind wir wieder vereint an diesem
schönen Ort den man Regenbogenland
nennt.

Der Geist der Weihnacht

Der Tag senkt sein Gesicht, nein die
Nacht die mag ich nicht.

Weihnachtlich strahlen die Straßen und
die Gassen, sollte ich Weihnachten jetzt
hassen?

Ich schau in den Himmel kein Wölkchen
am Firmament, ein Stern ist dort, der
die ganze Erde erhellt.

Ich frage mich, ob es mein Sternenkind
ist, die dort im Himmel zuhause ist.

Wenn die Sternchen im RBL ihre
kleinen Laternen nehmen in die Hand,
dann wird die Erde so erhellt, so wie es
uns Mamis am Abend gefällt.

Ich gehe nach Hause und denke an
Dich, könnte ich Dich doch in den Arm

nehmen und Du könntest Dich schmiegen an mich.

Zünde die Kerzen am Weihnachtsbaum
an, meine Gedanken sind nur bei Dir,
ich denke nur daran, welche schöne Zeit
wir hatten, genossen 13 Jahre, vielleicht
kannst Du mir in der Weihnachtsnacht
einen Besuch abstatten?

In dieser Nacht kamst Du wieder zu
mir, Tränen rannten über mein Gesicht,
so vereint sind wieder wir, mein Schatz
ich liebe Dich.

Das ist der Geist der Weihnacht, er hat
mich besucht, glücklich wach ich auf,
völlig ausgeruht.

Ich schicke ein Träne auf die Reise und
damit danke ich Dir, für all die schönen
Jahre auf Erden hier, die Du mir gabst,
der Stern am Himmel wird immer
strahlen, weil Du mich magst.

Das ist der Geist der Weihnacht, der jeden beschenken kann, Du musst nur ganz fest glauben daran.
In inniger Liebe halte ich dich fest und wünsche Dir im RBL mit Deinen Freunden ein wunderschönes Fest.

Fast ein Jahr ohne Dich

Wie ist doch die Zeit vergangen, fast ein
Jahr, als wie das Licht empfangen.

Das Licht, welches kam von der
Engelschar zu holen, den kleinen Schatz,
der war so lieb und wunderbar.

Erinnerungen haben mich begleitet in
dieser Zeit, aber auch Tränen, die
zeigten mein Leid.

Gedanken und Bilder waren immerdar,
ob bei Tag und bei Nacht warst Du mir
so immer nah.

Ich wusste nicht, wie ich die Zeit
überstehen sollte, mal streikte mein
Körper, weil er nicht mehr wollte.

Es war so schwer ohne Dich zu leben
und doch im Leben so alles zu geben.

Deine Lücke ist unsagbar groß und
hätte ich einen Wunsch es wäre bloß,
Dich noch einmal in den Arm zu
nehmen und in Deine treuen Augen zu
sehen.

Dich zu knuddeln und zu kuscheln und
gemeinsam am Kamin mit Dir zu
tuscheln. Über Liebe und Geborgenheit,
das war Dein Leben und Du warst
meine Freud.

Jetzt bist Du im Regenbogenland und
hast neue Freunde an Deiner Hand
doch die Wärme die Du spürst die
kommt von mir, sie zieht von Erden in
den Himmel zu Dir.

Bist Du auch so fern doch in Gedanken
ganz nah, obwohl in meinem Herzen ich
immer noch nicht verstehen,

warum es damals geschah, bleibst Du im Herzen, bis zum Ende meiner Zeit, dass ist das was ich Dir schulde, denn Du warst ein Freund.

Ich freu mich drauf, wenn wir uns wiedersehen, am Fuße der Regenbogenbrücke aufeinander zugehen, um dann gemeinsam ein Leben zu führen, wo wir beide wieder gemeinsam Liebe und Geborgenheit spüren.

Unsere Sternenkinder

Das Land der Sternenkinder kann man
gerne besuchen, man muss nur den
richtigen Traum buchen.

Dann landet man zwischen den
Wölkchen im Regenbogenland, wohin
mein kleiner Schatz wurde entsandt.

Tritt man aus dem Wald heraus, so
biegen sich kleine Blumen leis im Wind,
so bunt und lustig mag es jedes
Sternenkind.

Und fällt mal Schnee so seid gespannt,
bauen Sternenkinder mit flinker Hand
einen Schneemann schön anzusehen, so
ist es nur im RBL zu sehen.

Keinen Zank keinen Streit gibt es hier
und jedes Tier lebt in Frieden Hand in
Hand im wunderschönen Regenbogenland.

Es wird gelacht, aber auch viel Unsinn
gemacht. Es wird gesungen und die
Kleinen haben sehr viel Spaß und liegen
dann gemütlich im Gras.

Keiner stört den Kreis der
Tierkinderengelein, doch manchmal
wunderbar und leis, dringt ein etwas
von außen ein.

Ein Lied, ein liebes Wort, ein
Sternengruß ein Gebet, das zeigt, dass
der Eltern Liebe zu Ihren
Sternenkindern nie vergeht.

Ein Sternengruß an jedem Tag, ein
Kerzlein anzünden, je nachdem wie
man es mag, das ist die Liebe, die aus
unserem Herzen spricht und seid gewiss
das ist das Band der Liebe was nie
zerbricht.

Glücklich ist dieser kleine Stern, er
macht sich auf die Reise, zu zeigen seine
Liebe den Lieben daheim auf seine
eigene Weise.

Es können die Wolken sein, die in
lustigen Figuren am Himmel fliegen, es
können die hellsten Sterne sein, die in
Dunkelheit sich ans Firmament
schmiegen.

Ein Windhauch, die Tropfen im Morgen-
tau oder auch die schönsten Farben,
wenn sich der Regenbogen auf Erden
hervortraut.

Das Land der Sternenkinder es ist schön,
dass es Dich gibt, hier wird
behütet jeder Stern, der auf Erden wird
so unendlich heiß geliebt.

Land der Erinnerungen

Das Land der Erinnerungen ist
wunderschön, du wirst es schon bald
sehen.

Mach die Augen zu und wandle, durch
den tiefen Nebel der Dich umgibt, geh
hinauf auf die Berg und schau hinab,
auf das was Du geliebt.

Vier Pfötchen und Augen, die man kann
nicht beschreiben, werden im Land der
Erinnerungen immer bei Dir bleiben.

Fühl das weiche Fell und atme den
lieblichen Geruch wohlig ein, im Land
der Erinnerungen wird Dein Schatz
immer bei Dir sein.

Dein Tier, was hat Dich zu einem besseren Menschen gemacht, hat der liebe Gott jetzt zu einem Engel gemacht.

Im Land der Erinnerungen kannst Du Dein Glück mit Deinem Freund nochmal durchleben, die Gefühle, das Glück, was er hat Dir doch alles gegeben.

Und so gehst Du als dann und wann ins Land der Erinnerung, so oft wie Du kannst.

Dies ist der einzige Weg, deinem Freund zu begegnen, gib zu es ist ein Segen, dass es das Land der Erinnerungen gibt, ein Land wo nur die Liebe siegt.

Ewige Liebe

Bin ich einst gebrechlich und alt, dann
weiß ich, ich finde bei Dir Halt.

Ich hatte bei Dir ein wunderschönes
Leben, ja ich muss sagen, Du hast alles
gegeben.

Die wundervollen Tage werde ich dann
nie vergessen, ich werde Dich unendlich
vermissen.

Nun liege ich hier in Deinen Armen
und mache die Augen zu, finde dort im
RBL meine ewige Ruh.

Unsere Seelen bleiben für immer
vereint, denn Du hast es im Leben
immer so gut mit mir gemeint.

So auch im Tode bleibt unsere Liebe
bestehen, auch wenn ich einen Schritt
voraus muss gehen.

Warte am Fuße der Regenbogenbrücke
auf Dich, denn es bleibt unsere Liebe für
immer und ewiglich

Trauergedicht für meine Sina

Die Schmerzen, die ich empfunden habe,
als Du vom lieben Gott abgerufen
wurdest kann ich kaum beschreiben.

Ich konnte nicht mehr essen, ich konnte
nur noch weinen, weil Du mein Schatz
nicht mehr bei mir warst.

Der Schmerz in meinem Herzen war
unsagbar, mir kaum die Möglichkeit
zum Atem gab.

Schwer lag alles auf meinem Körper
und nicht mal ein tiefer Seufzer konnte
mir Erleichterung bringen.

Wie soll ich ohne Dich leben, wie soll ich
ohne Deine Stupser ohne Deine lieben,
treuen Augen leben?

Ich weiß es nicht und doch habe ich es
1 Jahr geschafft.

Man sagt, dass die Zeit alle Wunden
heilt, aber diese Wunde ich so tief, dass
sie erst geheilt werden kann, wenn ich
Dich am Fuße der Regenbogenbrücke
wiedersehe.

Bis dahin leide ich auf dieser Erde und
nur die schönen Erinnerungen an Dich
werden mir das Leben ein wenig
lebenswert machen.

Mein schönster Stern

Mein kleiner Stern und bist Du mir
auch noch so fern, so denke ich an Dich,
wann immer es mir möglich ist.

Ist es am Tage, wenn die Sonne hell am
Horizont steht oder am Abend, wenn
der Mond am Firmament aufgeht.

Unsere schöne Zeit kann uns keiner
mehr nehmen, ich trage Dich in meinem
Herzen, muss die Trauer und die
Tränen hinnehmen.

Wir schwer war es doch Dich gehen zu
lassen, in der Stunden in der Du mich
verlassen, war der Schmerz so
unendlich schlimm, hatte mein Leben
doch keinen Sinn.

Jetzt sitze ich hier und weine Tag aus
und Tag ein,

warte auf den Tag bis wir wieder
vereint.

Bis dahin trage ich Dich bei mir und
werde Dich nie vergessen, denn Du
warst der größte Schatz, den ich je
besessen.

Wenn Du einmal gehst

Wenn Du einmal gehst und Dein Leben
auf Erden ein Ende nimmt, so habe ich
mir geschworen, bin ich bei Dir.

Wenn Du einmal gehst, zeige ich Dir
noch einmal alle Orte wo Du so
glücklich gelebt hast.

Wenn Du einmal gehst, dann sollen sich
alle liebe Menschen von Dir
verabschieden und Dir ein Teil ihrer
Liebe mit auf den Weg geben.

Wenn Du einmal gehst, soll es ohne
Schmerzen sein, auch wenn es mir so
unendlich schwer fällt Dich gehen zu
lassen.

Wenn Du einmal gehst, sollst Du in meinen Armen liegen und meine Liebe spüren, um zu merken Du bist nicht allein.

Wenn Du einmal gehst, nimmst Du ein Teil meiner Liebe und meiner Seele mit auf den Weg in den Himmel.

Als Du gegangen bist, konntest Du friedlich einschlafen, denn Dein Leben war erfüllt von Glück und der Liebe Deiner Menschen.

Als Du gegangen bist, war nur noch Leere und Schmerz um uns herum und Tränen Tag für Tag.

Wenn wir uns wiedersehen, werden wir wieder ein glückliches Leben gemeinsam führen dürfen.

In Liebe werde ich diesen Tag erwarten.

Kleiner Engel

Wenn ein Tier die Erde verlässt und ins
Licht geht, dann schwebt seine Seele
noch eine Weile im Raum.

Es sieht, wie die Lieben um sie weinen,
wie der Schmerz unendlich schwer ist.

Dann wird aus der kleinen Seele ein
Engel, der sein Flügel ausspannt und in
den Himmel schwebt.

Von da an beschützt dieser kleine Engel
seine Lieben auf Erden und wenn man
seine Hilfe braucht, dann ist er da.

Alle Tiermamis- und Papis fühlen, wenn
der kleine Engel bei Ihnen ist, denn das
Herz wird warm und die Erinnerung
und die wundervollen Bilder kommen
zurück.

Mit diesen wundervollen Erinnerungen
leben wir, bis uns der kleine Engel
abholt und ins Licht führt, denn er hat
uns nie vergessen.

Lieber Brief aus dem Himmel

Liebe Mami,

ich möchte Dir danke sagen, für ein Leben voller Liebe und ohne Plagen.

Als ich klein war, war ich ängstlich und schwach, Du nahmst mich mit nach Hause und dort wurde ich wach.

Wir haben gespielt, gekuschelt und geschmust, da wurde mir bewusst, wie schön das Leben bei Dir ist und das Du jetzt ein Teil meines Lebens bist.

Geschwister bekam ich zum Spielen, mir sollte es an nichts fehlen.

Dann zogen wir ein ins große Heim mit einer Wiese voller Mäuse, die wahren von großem Interesse, ich habe sie aber nie gegessen.

Und als ich krank wurde, gebrechlich und schwach, da hast Du Wacht über mich gehalten, Nacht für Nacht.

Hast alles versucht, dass es mir besser geht, wir haben den Kampf verloren, aber ich konnte sagen

Ich habe ein wunderschönes Leben gelebt.

Nun sehe ich Dich von meinem kleinen Wölkchen hier oben weinen, Tag für Tag, hätte nie gedacht, dass der Schmerz der Trauer Dich so einnehmen mag.

Sei nicht traurig flüstere ich Dir, mir geht es gut auf meinem Wölkchen hier.

Auch wenn Du mich nicht mehr sehen kannst, trägst Du mich in Deinem Herzen, ganz sanft.

Nie wirst Du mich vergessen, nie Dein Leben lang, denn wir waren Freunde

auf ewig bis irgendwann Dein Spazier-
gang Dich zum Licht führt und auf der
anderen Seite Du meine Liebe spürst.

Danke für ein so wunderschönes Leben,
manche hätten vieles darum gegeben, so
zu leben, wie ich es tat, ich liebe Dich,
denn Du warst meine Heimat.

Danke für alles

Ein Stück Himmel

Ein Stück Himmel warst Du für mich,
als Du in mein Leben kamst.

So strahlend schön und wärmend, hast
Du ein ganzes Leben auf mich
aufgepasst.

Du warst die Sonne für mich Tag für
Tag, wie oft habe ich Dir gesagt, wie
sehr ich Dich liebe und manchmal war
es sogar, als ob ich fliege.

Und wenn dann doch einmal Wolken
aufzogen, dann habe ich sie mit ganz
viel Liebe weggeschoben.

Zuletzt da trug der Himmel Trauer,
Tränen fielen aus den Wolken und
manchmal waren es richtige Schauer.

Als Du gingst, da war keine Sonne mehr
da, der Himmel war grau, wie er schon
lange nicht mehr war.

Grau wird der Himmel noch lange sein,
leider kommt kein Sonnenschein, durch
die Wolken des wunderschönen
Himmels, es sind Tag der Trauer und
des Nebels.

Jetzt wo Du da oben bist kommt
wenigstes in der Nacht ein wenig Licht.

Wenn Dein Stern am Abendhimmel
aufgeht, dann ist es als ob ich verstehe.

Unsere Liebe wird niemals vergehen, sie
bleibt für alle Ewigkeiten bestehen.

Irgendwann kommt ein Stück Himmel
für mich zurück, wenn ich Dich dann
auf dem Wölkchen sehen würde, wäre
ich entzückt.

So würdest Du Tag für Tag bei mir sein,
mein kleiner Engel für immer mein.

Mein Weg

Die Nacht fällt kalt und schwarz auf
mich hinein,
mein Herz von Trauer gefüllt, es kommt
kein Sonnenstrahl herein.

Lange werde ich über diese dunklen
Pfade gehen, lange werde ich kein
Sonnenlicht sehen.

Traurig ist mein Herz in dieser Zeit,
eisig ist es um mich, groß ist mein Leid.

Hab meinen Schatz doch so sehr geliebt
und was mir jetzt nur noch blieb, sind
Erinnerungen so wunderschön, sag mein
Engel warum musstest Du gehen.

Irgendwann, dann werde ich verstehen,
warum Du musstest von mir gehen.

Um Deine Liebe in meinem Herzen zu empfinden, so tief und so rein, dies geschieht nur, wenn ein Engel kann bei dir sein.

Und geht die Trauer irgendwann ihren Weg, dann dieser kleine Engel dort steht, mich anlächelt und sagt

"wir haben gesiegt, ich wusste ich würde auch über mein Leben hinaus geliebt".

Und so ist mein Engel in meinem Herzen immer dabei, bis wir uns wiedersehen, im wunderschönen Regenbogenland, wir zwei.

Irgendwann

Irgendwann wenn wir uns wiedersehen,
dann werde ich an der
Regenbogenbrücke stehen.

Ich sehe Farben so wunderschön und
farbenfroh und mein Herz brennt
lichterloh, denn ich weiß ich werde Dich
wiedersehn.

Dann sehe ich jemanden durch die
Wiesen springen, das Fell in der Sonne
wundervoll schwingend.

Mein Gott Du bist so jung und schön,
dass hätte ich nicht geglaubt bei
unserem Wiedersehen.

Jetzt sind wir in Liebe wieder vereint
und das ist auch so von tiefstem Herzen
gemeint.

In Liebe hast Du Dein Leben hier auf Erden gelebt und in Liebe werden wir im
RBL leben, weil keiner von uns
beiden mehr stirbt.

So gehen wir Seite an Seite in den
Sonnenuntergang, denn dies ist unser
beider neuer Anfang.

Meine Suche nach Dir

Dunkle Wolken ziehen an mir vorbei,
tief in meinem Innern, immer noch der
stumme Schrei.

Schmerzen in meinem Herz und meiner
Seele, dieser Schmerz schnürt mir meine
Kehle zu und ich komme keinen Tag zur
Ruh.

Rastlos, jeden Tag, suche ich nach Dir,
in den Wolken, in der Sonne und bei
Nacht, doch Du bist nicht mehr bei mir.

Du warst mein Glück, du warst mein
Leben, was würde ich nur dafür geben,
diesen kleinen Schatz wieder in den
Arm zu nehmen, es würde aufhören,
dieses endlose sehnen.

Doch ich muss Dich loslassen, Du mein Leben, sonst wird es für mich kein Morgen geben.

Ich muss begreifen, ich bin nicht allein, denn Du wirst auf allen Wegen bei mir sein.

Egal ob der Himmel Trauer trägt oder die Sonne, die Wolken wegfegt, trage ich Dich in meinem Herzen, vielleicht werden dann die Schmerzen, wenig sein Jahr für Jahr und ich lasse in mein Herz die Sonne hinein.

Doch werde ich Dich manchmal dann immer noch suchen und ich werde wissen, dass ich Dich immer liebe und Dich immer werde vermissen.

Doch kommen meine letzten Erdenstunden, weiß ich tief in meinem Inneren, ich habe Dich gefunden.

Mein Herz und meine Seele werden
kann keine Schmerzen mehr empfinden,
denn jetzt kann ich mit Dir mein Leben
vollenden.

Der liebe Gott und der Engel

Ein Engel so hübsch und klein, kam
hernieder auf Erden und sollte meiner
für immer sein.

Er war so zart, er war so lieb, man
hatte viel Freude, er war wirklich ein
kleiner Herzensdieb.

Ein Tierkind war dieser Engel, so wunderschön anzusehen, man wollte mit
diesem kleinen Wesen, bis ans Ende der
Welt gehen.

Doch irgendwann, da rief der liebe Gott
genau nach meinem Engelchen, sich
aufzumachen
und ins Licht zu gehen, auf dass ich es
nicht mehr würde wiedersehen.

Dort oben im Himmel ist mein
Engelchen ein Teil der Engelsschar, doch
hier unter auf Erden ist mein Leben für
mich kalt und rar.

Ich warte noch immer auf die Worte des
lieben Gotts, die da sagen

"meine Liebe Du sollst nicht verzagen,
nimm die Liebe und den Tod so an wie
sie ist, denn nur dann, so sei es gewiss,
wird Dein Leben wunderschön und
warm.

Und dann irgendwann, ich verspreche
es Dir, führ ich Dich in Licht und ganz
schnell hin zu ihr. Gemeinsam werde ihr
über den Regenbogen gehen und nichts
und niemand wird Euch je wieder
auseinander bringen.

Warte meine Liebe es wird noch eine
Zeit dauern, bis dahin kannst Du auch
noch trauern, aber denke immer daran,

"wer sie gehen lässt liebt wirklich von tiefstem Herzen"

So schau Dein Engelchen folgt Dir Tag und Nacht und hält bis dahin über Dich Wacht.

Mein Stern in der Nacht

Leise geht die Sonne unter, nein wir
vernehmen keinen Laut, oben werden
die Sternenkinder munter, ist doch das
die Stunde, die mich immer so erfreut.

Strahlend gehst Du am Abendhimmel
auf, blinkest mit aller Kraft, gebe ich
doch die Hoffnung nicht auf, das wir
uns irgendwann wiedersehen, dann ist
es endlich vollbracht.

Du hast mir gefehlt, seitdem Du von
mir gingst, unter Tränen habe ich
gefleht doch zu bleiben, weil Du so an
mir hingst.

Es sind Tage der Trauer so dunkel und
trist, mein Erdendasein so schmerzvoll,
weil Du mein Schatz gegangen bist.

Du hattest ein Leben, so liebevoll und schön, hätte ich doch was darum gegeben, an diesem Tag mit Dir zu gehen.

Doch ich sitze hier Tag ein Tag aus, mit Tränen im Gesicht, meine kleine Maus.

Bist Du dort oben im Regenbogenland, wo Du an diesem Tag hin verschwandst?

Dort oben wo die Sterne funkeln, wo es hell ist, auch im Dunkeln, wo ihr wieder jung seid so wie früher, wo kein Schmerz mehr ist zu spüren ?

Dann bin ich beruhigt, dass es Dir gut ergeht und irgendwann Du wirst schon sehen, hebst Du Dein Köpfchen und rennst wie der Wind, dann kann ich Dich wieder in meine Arme nehmen, mein kleines Katzenkind.

Dieser Tag wird der schönste in meinem Leben sein, denn dann kann auch ich sagen, ich bin daheim.

Zwei die sich geliebt, haben sich dann wiedergefunden und ziehen fortan im Regenbogenland gemeinsam ihre Runden.

Hast Du je einen Freund besessen

Hast Du je einen Freund besessen, der Dein Leben so bereichert hat, so wirst Du nie vergessen, dass auf Erden war euer beider Heimaten.

In die treuen Augen hast Du geschaut und manchmal ging es auch unter die Haut, denn Du hast ihn so geliebt, wie es keinen auf Erden ein zweites Mal gibt.

Der Duft seines Fells, die treuen Augen, du wolltest einfach nur daran glauben, dass er Dich ein Leben lang begleitet, für den einen Tag warst Du nicht vorbereitet.

In guten und in schlechten Zeiten stand er Dir bei Seite, nichts sollte Euch trennen, auf, dass er Dich möge für immer begleiten.

Doch dieser eine Tag kam viel zu schnell, draußen war es noch hell, müde sank Dein Schatz in Deine Arme, Du sagtest immer wieder seinen Namen und dass Du ihn liebst und niemals vergisst, dass Du ihn jetzt und hier schon schmerzlich vermisst.

Die Kraft ging zu Ende, ein letzter Blick, eine Träne in seinen Augen, ihr beide konntet es kaum glauben, dass der Weg hier zu Ende sein sollte, das war etwas was keiner von Euch beiden wollte.

Die Augen gingen zu und Dein Freund starb in Frieden, hatte ein Leben so wunderschön, gerne wäre er geblieben.

Tief ist die Trauer und tief der Schmerz,
nun hat er einen Platz in Deinem
Herz.

Du erinnerst Dich ganz lieb an ihn in jeder Sekunde, so als wenn er neben Dir
stünde.

Du erinnerst Dich an seinen Duft, an
sein Fell, Du erinnerst Dich an diese
Augen, die sich schlossen, leider viel zu
schnell.

Irgendwann wirst Du ihn wiedersehen,
Du weißt genau, man wird schon sehen,
er wird in Deine Arme stürmen, in
diese Arme in der er lag, als er ging von
Erden.

Eine Geschichte, die der Tod erzählt

Manchmal denke ich der Tod bedeutet nichts er erzählt nur eine Geschichte.

Eine Geschichte von einem Leben so wunderschön, wie es kein zweites geben kann.

Eine Geschichte von der Liebe zwischen mir und Dir, einer Liebe die so innig ehrlich war.

Eine Geschichte von schönen Tagen, die wir alle genossen haben, wo die Freude am Dasein unser Herz hat aufgehen lassen.

Aber auch eine Geschichte von traurigen Tagen, wo die Hoffnung und der Glaube überwogen haben.

Eine Geschichte von traurigen und schweren Augen, die stark sein, die nicht gehen wollten.

Eine Geschichte des Heimgangs, an dem ich Dich liebevoll in den Armen gehalten habe, wo mein Herz schwer wurde und meine Seele wusste, dass ein Teil von mit Dir ihr gehen musste.

Die Geschichte eines Menschen, der sein Tier so sehr geliebt hat, der mit der Trauer umgehen muss und der den Schmerz und die Tränen in liebevolle Erinnerung versucht umzuwandeln.

Wie diese Geschichte weitergeht, weiß ich nicht, was ich jedoch weiß ist, dass ich Dich für immer lieben werde, egal wo Du jetzt bist.

Irgendwann wird sich meine Seele, wie ein Puzzle wieder zusammensetzen, dann, wenn ich Dich im RBL wiedergefunden habe.

Dann hat diese Geschichte ein Happy End gefunden.

Mein Schatz geht zu den Engeln

Nun lieg ich hier in Deinen Armen, Du sprichst mit mir, ich kann es kaum ertragen.

Ist es wirklich schon Zeit zugehen, warum kann ich mich in meinem Körbchen vor Schmerzen nicht mehr drehen?

Ist die Zeit mit Dir wirklich vorbei, wir waren doch so glücklich und frei.

Du sprichst mit mir und sagst mir, wie sehr Du mich liebst, dass Mami bei mir ist und mich niemals vergisst.

Dann sehe ich das helle Licht, sehe den Engel der nun bei uns ist.

Ich gehe hinein und fühle mich gut, sehe
Dich dort sitzen, zitternd und weinend,
sehe meinen Körper, der in Deinen
Armen ruht.

Ich gehe jetzt in eine bessere Welt, dort
oben ins große Himmelzelt.

Ich bin bei Dir, bei Tag und bei Nacht,
werde Dich nie vergessen, was für ein
wundervolles Leben Du hast mir
gegeben.

Werde Dich immer lieben bis in alle
Ewigkeit und wir werden uns
wiedersehen, das ist für uns beide die
Gewissheit.

Nun geh ich schnell durch dieses Licht,
rufe Dir noch zu " ich vergesse Dich
nicht"

Ich werde unheimlich ge-liebt

Ich werde Dich immer lieben habe ich gesagt, ich werde Dich immer lieben Tag für Tag.

Jetzt bist Du nicht mehr da, und nichts ist mehr wie es war, doch in meinem Herzen, da ist ein Platz für Dich mein liebster Schatz.

Doch ist mein Herz so unsagbar schwer, meine Blicke so traurig und leer, dann denke ich daran was ich Dir hab gesagt, ich werde Dich lieben, auch wenn die Trauer mich so sehr plagt.

Ich werde Dich lieben auch über die Welten hinaus und sende ganz viele Küsse hinauf ins Wölkchen Haus.

So kannst Du allen sagen, wie schön es ist, wenn man auf Erden und im Himmel so unheimlich geliebt wird.

Die Liebe meines Lebens

Wie oft in Deinem Leben habe ich Dir gesagt, dass ich Dich liebe.

Wie oft in Deinem Leben habe ich Dich in den Arm genommen und innig gedrückt.

Jetzt sitze ich hier in der Stunde Deines Todes und mache beide.

Nehme Dich in den Arm, sage Dir, dass Mami Dich lieb hat und alles besser wird.

Drücke Dich, will Dich nie wieder los lassen.

Dann gehst Du durch dieses Licht und ein Teil meines Lebens geht mit Dir.

Ich hoffe, dass Du Dich immer daran erinnerst, dass ich Dich liebe und dass Du spürst, wie innig ich Dich in den Arm nehme.

Vergesse dies bitte nie, wie auch ich Dich nie vergessen werde mein Schatz, denn Du warst die Sonne, Du warst die Liebe meines Lebens.

Sternenkuss

Manchmal wenn ich auf dem weiten
Felde stehe und in den Abendhimmel
sehe, dann sehe ich dort einen Stern, der
funkelt und blinkt so wunderbar hell, ist
er doch so fern.

Manchmal flitzen die Sterne über den
Mondesrand, sind außer Rand und
Band, auf ihrem Mondesritt führen Sie
ganz viel Sternenstaub mit.

Dann ziehen Sie einen Schweif hinter
sich her und tauchen ab im Sternen-
meer.

Ich spüre Dich als wärst Du bei mir,
hier im Erdenreich, mein geliebtes Tier.

Und wenn der Sternenschweif mich
ganz sanft berührt, spür ich die Wärme
und die Geborgenheit, die mich immer
hat verführt.

Und dann bekomm ich einen Sternen-
kuss von Dir und es fühlt sich an als
wärest Du wieder hier.

Dann schreibst Du in den Himmel

" Ich habe Dich lieb",

ich schließe die Augen, denk an Dich,
und weiß die Liebe hat gesiegt.

Flüstre leise ich Dich auch, schicke eine
Träne zu Dir rauf.

Bleibst für immer und ewig mein Schatz
und in meinem Herzen, da ist für Dich
immer Platz.

Tag für Tag

Einen Stück Himmel war es, dass es
Dich gab, so denke ich über unsere Zeit
Tag für Tag.

Meine Liebe ist gegangen, habe ich
gesagt, Tränen rinnen über mein Gesicht
Tag für Tag.

Du hast mich begleitet durch mein
Leben, soviel Liebe in unserem Leben
lag, dafür bin ich Dir dankbar Tag für
Tag.

Vermisse Dich, vermisse Dein liebes
Wesen, möchte Dich in den Arm
nehmen, als wäre es gestern gewesen,
liebe Dich habe ich gesagt, mein Herz
zerbricht Tag für Tag.

Leer ist mein Leben ohne Dich,
schmerzend meine Seele und ich mich
immer mit den Schmerzen plag,
wünsche Du wärst bei mir Tag für Tag.

Tag für Tag spreche ich mit Dir,
wünsche Du wärest bei mir. Tag für Tag
vermisse ich Dich, meine Trauer
verarbeite ich in meinem Gedicht.

Tag für Tag komme ich Dir näher, bis
irgendwann ich gehe in den Himmel
rüber.

Irgendwann dann kommt der Tag,
diesen Tag, denn ich schon jetzt so sehr
mag, dann werde ich Dich wiedersehen,
freudig in den Arm nehmen.

Dann bin ich endlich wieder bei Dir
mein geliebter Schatz, dann haben wir
dort oben im Himmel unseren Platz.

Gemeinsam mit Dir werde ich Dann
durch mein neues Leben geben und Dich
dann Tag für Tag an meiner Seite sehen.

Der letzte Sommer

Es sollte der letzte Sommer sein so
wunderschön, sollte mir Dir gemeinsam
durch die Wiesen gehen.

Und wenn es sich zum Abend neigte
und der Himmel sich rosarot zeigt,
dann saßest Du stolz und anmutig im
Feld in Deiner ja so glücklichen und
heilen Welt.

Jedes Mauseloch bekam noch einen Gute-
Nacht-Kuss, auf das die Maus erst morgen wieder auf Dich warten muss.

Die Sonne war warm und klar und hell,
es war Dein letzter Sommer, wär hätte
gedacht, dass alles geht so schnell.

Es kam der Herbst und der Winter
brach übers Land, dünn wurdest Du,
wie ich fand. Der Tierarzt half wo er
nur konnte, ich nahm meine ganze

Liebe, hoffte, dass sich alles lohnte.

Der Frühling kam mit zarten Knospen,
ich half Dir wo ich konnte, ganz egal,
was es auch kostete.

Der Frühling kam und Du wurdest
schwach, kein wacher Blick, nur
Schmerzen, es war nicht einfach.

Du bist dann am Ende des Weges angekommen, ich habe entschieden, dass Dir
Deine Würde wird nicht genommen.
Sollst in meinen Armen, in Deinem
Zuhause einschlafen und den Weg zu
den Engeln mit Liebe und Wärme
schaffen.

Wie Du in mein Leben gekommen - mit
ganz viel Liebe - so hat Dich auch der
Tod genommen.

Ab und zu schau ich nach Deinen Mäuselöchern, sie liegen verlassen dort auf der Wiese und wenn am lauen Sommerabend weht dann eine leichte Brise.

Dann weiß ich Du bist bei mir, sehe Dich mit wehendem Fell laufen zu mir.

Doch dann bist Du auf einmal nicht mehr da und ich weiß, dass es nur eine wunderschöne Erinnerung war.

Von Deinem letzten Sommer, den Du so genossen, habe alle Erinnerungen an Dich lieb und fest in mein Herz eingeschlossen.

Ein Engel kam zur Erde

Es kam ein Stern vom Himmel, vor ewig
langer Zeit,
er sollte in dem Gewimmel auf Erden
finden seinen Freund.

Ein Mensch war es, man glaubte es
kaum und beide gingen auf Erden
fröhlich und vergnügt durch Zeit und
Raum.

Verbunden waren sie in Liebe durch ein
dickes Band, keiner konnte sie trennen,
denn das Sternchen hatte man nur aus
diesem Grund zur Erde gesandt.

Liebe und Zuneigung sollte es geben,
Verstand dem Menschen in die Wiege
legen.

All die Jahre lebten sie Seite an Seite mit
sinnlichem Verstand, bis der liebe Gott
dem Menschen gestand, dass das

Sternchen nicht für immer auf Erden
sein mag und irgendwann würde kommen dieser furchtbare Tag.

Der Tag der Trauer, der Tränen und des
Schmerzes, wenn man gehen lassen
muss, dieses Liebste, schweren Herzens.

Von Gott gegeben und von Gott
genommen hat man der Engel Stimmen
vernommen.

Du Mensch weißt jetzt was Liebe ist,
vergesse nie den Engel, der jetzt für
immer bei Dir ist.

Tief in Deinem Herzen, Du wirst schon
sehen, wird noch ein Herz mit Dir
weitergehen.

Bis Du dann von Gottes Hand geführt
durchs Licht ins Regenbogenland
gelangst.

Dann wirst Du Deine Engelchen
wiedersehen und mit Freude, Frieden
und Harmonie in ein neues Leben gehen.

Über die Regenbogenbrücke

Leise klopfen Regentropfen an die Scheibe, Tränen rinnen über mein Gesicht, solltest doch noch bei mir bleiben, nur der liebe Gott, er wollte es nicht.

Habe so viele frohe Jahre, glücklich mit Dir zusammen verbracht, Du hast in mein Leben so unendlich viel Liebe gebracht.

Doch dann der Tag, die Stunde der Ewigkeit, Abschied musste ich nehmen, in tiefer Traurigkeit.

Lange noch lagst Du in meinem Arm, friedlich schlafend, warst doch noch warm, so als würdest Du mich gleich ansehen, mir sagen, ich will doch gar nicht gehen.

Nicht gehen in dieses wunderschöne
Land, wie man es nennt, das
Regenbogenland.

Doch ich sage Dir, es geht nicht mehr,
will Qualen Dir ersparen, auch wenn
dann in mir ist alles leer.

Lauf über die Brücke, durchbricht die
schönen Farben, gut wird es Dir dort
gehen, Freude wirst Du wiederhaben.

Tröste mich vom Himmel aus, denn die
Trauer wird schwer sein und löscht alles
in meinem Leben aus.

In meinem Herzen wirst Du für immer
wohnen und irgendwann ich weiß es
genau, wirst Du mich am Fuße der
Regenbogenbrücke abholen und wir sind
wieder vereint.

Bis dahin fließen Tränen über mein
Gesicht und eine schicke ich Dir jeden
Tag, denn Du bleibst mein Licht.

Eine schöne Zeit

Nun blick ich zurück zu der Zeit als Du
zu mir kamst, als ich Dich zum ersten
Mal in die Arme nahm, verfolgen war
die Angst in meinem Leben, hatte jetzt
jemanden dem ich konnte meine Liebe
geben.

Klein warst Du und unerfahren, kann-
test noch keine Gefahren, hattest einen
Menschen an Deiner Seite, der Dich mit
Liebe sollte auf das Leben vorbereiten.

Oh wie schön war es zu allen Zeiten, hattest jemanden der Dich durch Dick und
Dünn hat begleitet.

Einen wie Dich, der ohne zu fragen, Dir
geholfen hat in allen Lebenslagen.

Schön war das Leben, viele Jahr lang,
bis Du wurdest alt und gebrechlich, da
fing der Schmerz für beide an.

Gehofft, gebetet und geweint, es gab so
viel Schmerz und so viel Pein, bis es
dann nicht mehr ging und ich Dich
gehen lassen musste, dass Liebste an dem
mein Herz doch so hing.

Mein Sternenkind, ich kann es immer
noch nicht begreifen, dass Du nicht
mehr da bist, doch die Liebe zu Dir wird
weiter in mir reifen.

All die schönen Jahre, ich werde Sie nie
vergessen, Erinnerungen an Dich
werden nie verblassen.

Bist immer bei mir tief in meinen
Herzen, werde durchleben all diese
Schmerzen, bis irgendwann wir werden
uns wiedersehen und gemeinsam im
Regenbogenland spazieren gehen.

Bis dahin bleibst Du geliebt, beweint
und unvergessen, bleibst stets tief in
meinem Herzen eingeschlossen.

*Denke an die schöne Zeit und sende Dir
ein Lächeln, hoch in Regenbogenland,
ich werde Dich nie vergessen.*

Was das Leben für uns malte

Jetzt sitze ich hier und Schmerz
bestimmt mein Leben, hätte ich doch
alles dafür gegeben, Dich noch einmal in
meinen Armen zu halten, die Augen zu
schließen, um zu sehen, was das Leben
für uns malte.

Das Leben malte Tage mit Sonnenschein
so wunderschön, nie hätte ich gedacht,
dass du wirst von dieser Welt und von
mir gehen.

Das Leben malte uns mit Liebe und
Freundschaft, jeder war für jeden da,
jeder Tag war ein neuer Beweis für unsere Liebe, die tief in unserem Herzen
dar.

Das Leben malte aber auch schlechte
Zeit, wo ich Dir geholfen, wie ich
konnte, zu überleben Deine
Krankheiten.

Das Leben malte Dich und mich und
meine Liebe zu Dir, ich wollte Dich nie
verlieren, mein geliebtes Tier.

Als Du dann gegangen, malte das Leben
die schlimmste Zeit, Tränen und Trauer
waren in mir stets bereit.

Für Dich malte das Leben einen Neuan-
fang, im Regenbogenland, nach Deinem
schwersten Gang.

Für mich malt das Leben, Trauer und
keine fröhlichen Bilder mehr, bin
gefangen in Tränen, weiß noch hin noch
her.

Irgendwann werden die Bilder wieder bunt werden, wenn ich nicht mehr bin hier auf Erden.

Steig ich die Stufen hinaus zum Regenbogenland, setzt der Pinsel des Lebens neue Farben an.

Bunt und schön werden Sie sein Du wirst schon sehen, denn in dem Leben werden wir gemeinsam durchs Regenbogenland gehen.

Auf wiedersehn

Auf Wiedersehn hast Du gesagt so ruhig
und so leise, ging Deine Seele auf die
Reise.

In ein Land das ich noch nicht kannte,
man hier auf Erden das Regenbogenland nannte.

Durch das Tor des Lichtes bist Du
gegangen, am Ende eines mühsam
gewordenen Lebens ganz ohne bangen.

In meinen Armen hast Du gelegen,
warm und behütet, sollte sich Deine
Seele von Dannen begeben.

Wie alles so still ist drüben in der
Unendlichkeit, aber ich werde Dich
lieben bis in alle Ewigkeit.

Irgendwann auf den Flügeln der Zeit
verfliegt auch dann auch meine
Traurigkeit.

Bis wir werden uns wiedersehen und
auf dem Regenbogen in dieses Land des
Glückes gehen.

Dann habe auch ich mich leise auf die
Socken gemacht und mein Leben auf
Erden ist vollbracht.

Endlich werde ich Dich wiedersehen
und wir werden uns glücklich in die
Arme nehmen.

Raum und Zeit sind nun vergessen, ich
habe das Liebste zurück, was ich je
besessen.

Reise ins Licht

was soll ich nur machen, dachte das
kleine Kätzchen. Es war schon alt und
hatte eine wundervolle Zeit bei Mama
und Papa verbracht. Na ihr wisst schon,
es waren nicht die Mama und Papa mit
4 Beinen, sondern die mit 2 Beinen.

Sie gaben ihm Futter, Kuscheleinheiten
und ganz viel Liebe.

Nein, das kleine Kätzchen wollte nicht
gehen, obwohl ihm die Glieder vom
Alter schon weh taten und es immer
schwächer wurde. Das kleine Kätzchen
wollte stark sein, denn Mami und Papi
weinten seit Tagen bitterlich.

Nun beschloss das kleine Kätzchen, sich
auf dem Schoss von Mami einzurollen
und ein wenig zu schlafen.

Mami streichelte es ganz zärtlich, die ganze Zeit und irgendwann war es so tief eingeschlafen.

Mit einem Mal sah das kleine Kätzchen ein Licht, das es nie zuvor gesehen hatte. Es war wunderschön.

Ein Engel mit Flügel kam aus dem Licht hervor und sagte " komm mein kleiner Schatz ich nehme Dich mit zum Regenbogen. Dort ist es schön und alle alten und kranken Tiere werden wieder jung und können über die Wiesen springen".

Nein, sagte das kleine Kätzchen das kann ich nicht, Mami braucht mich, denn sie ist so unendlich traurig!

Glaube mir sagte der Engel, Deine Mami möchte, dass es Dir wieder besser geht.

Sie wird danach immer noch
traurig sein, aber irgendwann wandelt
sich die Traurigkeit in eine wundervolle
Erinnerung.

So nahm der Engel die kleine Pfote und
beide gingen in das Licht. Das kleine
Kätzchen spürte immer noch das sanfte
Streicheln von Mami und hörte, wie sie
sagt, ich habe Dich unendlich lieb.

Das Kätzchen sah den Engel an und der
Engel nickte, ja sie wird Dich für immer
in ihrem Herzen tragen und Dich unendlich liebhaben.

Nun waren Sie am anderen Ende
angekommen und das Kätzchen war
von vielen neuen Freunden umgeben. Es
bezog seinen kleinen Stern und sah seine
traurige Mami von oben, wusste aber
von tiefsten Innern, dass es immer noch
unendlich geliebt wird.

Und so schrieb es auf sein Wölkchen

"ich wurde unendlich geliebt".

Mit diesem Gefühl sitzt es jeden Abend
dort oben und guckt auf Mami herab.

Es ist, wie der Engel gesagt hat, die
Trauer dauert lange, aber irgendwann
wird die Trauer zu einer wundervollen
Erinnerung.

Beide haben sich bis in alle Ewigkeit
sehr, sehr lieb.

Meine Erinnerung an
Dich

Klein warst Du und süß mein Schatz als Du
fandst Deinen Platz, in Mitten von Liebe
gebettet, ja ich hatte Dich gerettet, aus dem
kalten Ort, nahm Dich in meinen Armen davon
fort.
Du wurdest eine Schönheit mit so viel Anmut
und Pracht, machtest mir Freude bei Tag und bei
Nacht. Du wusstest hier war Dein Ort, nie
würdest Du gehen hiervon fort.

Eine kleine Familie waren wir, die Liebe zu Dir
und Deiner Schwester, war immer hier. Was
hattet ihr ein schönes Leben, manches kleine Tier
würde so viel darum geben, einmal dieses zu
erfahren und im Herzen diese Liebe immer zu
bewahren.

Doch auch Du mein Schatz wurdest alt und
gebrechlich, es gab Tage da war vieles für mich
unheimlich schrecklich. Doch den einen Tag den
wollte ich noch nicht sehen, nein ich wollte mit
Dir noch lange durch das Leben gehen.

Aber irgendwann da kam dieser Tag, wollte es nicht wahrhaben, dass ich eine Entscheidung zu treffen hab. Nein quälen wollte ich Dich nicht, solltest in Würde sterben und mit Anmut gehen ins Licht.

Das war mein letzter Liebesdienst von mir an Dich, der aus meinem tiefsten Herzen sagte, ich liebe Dich ewiglich.

Diese eine Sekunde hat mein Leben verändert, bin durch das Tal der Tränen und der tiefen Trauer gewandert. Mein Weg hat noch kein Ende gefunden, dunkel und holprig dreh ich meine Runden.

Kann bis heute nicht verstehen, warum es so kommen musste, kann nicht verstehen und verarbeiten Deinen Verlust.

Aber die Erinnerung an Dich ist tief in meinem Herzen und so ertrage ich still die Schmerzen.

Für immer und ewig werde ich die lieben, ein großer Platz für Dich in meinem Herzen ist geblieben.

Irgendwann werde ich die Sonne wieder
sehen und wir beide werden gemeinsam im
Regenbogenland spaziere gehen.

Bis dahin schau ich zum Himmel hinauf und
werde Dich finden, wenn ich sehe den schönsten
Stern, wie er am Himmel verläuft.

Ich liebe Dich mein Schatz und in meinem
Herzen wirst Du habe ewiglich einen Platz

Die kleine Seele

Einst sprach der liebe Gott "meine kleine Seele, fahr zu Erden hernieder und bringe dieser Familie Liebe und Freude in ihrem Leben".

So fuhr diese kleine Seele zu Erden und wurde freudig empfangen.

Die Menschen liebten sie, erfüllten ihr all ihre Wünsche und wenn Sie mal krank war, tat man alles, damit es ihr wieder gut ging.

Diese Menschen gaben ihr alle ihre Liebe, denn sie hatten ein Menschenkind verloren. Diese kleine Seele wurde geliebt, als wenn es ein Menschenkind gewesen wäre.

Es gab Geborgenheit und Wärme, man schlief zusammen im Bett ein und wachte aneinander gekuschelt wieder auf.

Der liebe Gott beobachtete dies vom Himmel aus und sprach zu sich selbst "ich habe alles richtig gemacht" und schickte noch zwei kleine Seelen zu dieser Familie, da er wusste es geht ihnen gut.

Irgendwann wurde auch der liebe Gott traurig, denn er wusste, dass das Leben auf Erden nur für eine Zeit geschenkt war und er musste den kleinen Engel jetzt wieder zurückholen.

Ihm tat es in seiner Seele weh zu sehen, wie diese Familie litt. Aber es war auch eine Aufgabe zu lernen, loszulassen und die Liebe im Herzen zu erfahren.

So rief er dem kleinen Engel zu " komm wieder zurück nach Hause, Deine Familie wird diese Aufgabe schon schaffen".

So ging der kleine Engel ins Licht und strahlte als großer Stern am abendlichen Himmel.

Die Mami zuhause ist noch heute unendlich traurig, kann nicht verstehen, warum der kleine Engel gehen musste.

Irgendwann wird sie die Aufgabe verstanden haben, denn die Liebe kennt keine Grenzen, auch nicht den Tod.

Und so hat der liebe Gott wieder zwei kleine Seelen zu dieser Mami geschickt. Denn es gibt nichts Besseres als Menschen, die ihre Tiere so lieben.

Denn Menschen, deren Herz aus Liebe so mit Wärme erfüllt ist, können weder Mensch noch Tier etwas zuleide tun.

Und so sucht der liebe Gott Tag für Tag Menschen für seine kleinen Seelen aus.

Auf das die Welt für alle ein wenig besser und Frieden auf der Welt herrschen wird.

Allen ein besinnliches Weihnachtsfest, auf das weder Mensch, noch Tier hungern muss, auf das weder Mensch, noch Tier misshandelt wird.

Es soll ein Fest der Liebe und der Wärme werden und wenn jeder in sein Herz hinein fühlt, dann kann er was dazu beitragen.

Eine Spende, ob für Mensch oder Tier kann manchmal ein Lächeln auf ein Gesicht zaubern oder man schaut in die treuesten Augen, die wir alle kennen.

Wenn Du einmal gehst

Wenn Du einmal gehst und Dein Leben auf Erden ein Ende nimmt, so habe ich mir geschworen, bin ich bei Dir.

Wenn Du einmal gehst, zeige ich Dir noch einmal alle Orte wo Du so glücklich gelebt hast.

Wenn Du einmal gehst, dann sollen sich alle liebe Menschen von Dir verabschieden und Dir ein Teil ihrer Liebe mit auf den Weg geben.

Wenn Du einmal gehst, soll es ohne Schmerzen sein, auch wenn es mir so unendlich schwer fällt Dich gehen zu lassen.

Wenn Du einmal gehst, sollst Du in meinen Armen liegen und meine Liebe spüren, um zu merken Du bist nicht allein.

Wenn Du einmal gehst, nimmst Du ein Teil meiner Liebe und meiner Seele mit auf den Weg in den Himmel.

Als Du gegangen bist, konntest Du friedlich einschlafen, denn Dein Leben war erfüllt von Glück und der Liebe Deiner Menschen.

Als Du gegangen bist, war nur noch Leere und Schmerz um uns herum und Tränen Tag für Tag.

Wenn wir uns wiedersehen, werden wir wieder ein glückliches Leben gemeinsam führen dürfen.

In Liebe werde ich diesen Tag erwarten.

Ewiges Reich

Klein und zerbrechlich warst Du als Du
zu mir kamst, nahmst mir alle Trauer,
die über meinem Leben lag.

Hast gekuschelt und geschmust hast mir
gezeigt, dass es gab wieder Lebenslust in
meinem kleinem Reich.

Warst bei mir in guten und in schlechten Zeiten, hast mich mit Deiner Liebe
wohl begleitet.

Dankbar bin ich Dir dafür, dass Du mir
gezeigt hast eine andere Tür. Eine Tür
die sich Leben nennt und Du hast mir so
unendlich viel damit geschenkt.

Doch dann kam die Zeit, dann kam der
Tag, der eine andere Tür geöffnet hat.

Die Tür der Trauer und der Tränen,
wofür ich mich für keine Einzige
schäme.

Die Tür, die Dir das Licht gezeigt auf
Deinem Weg ins Ewige Reich.

Seit 2 Jahren nunmehr sind beide Türen
geschlossen, die des Lebens und der
Trauer und Tränen werden immer
noch vergossen.

Irgendwann wird sich für mich wieder
eine Tür öffnen auf der steht, dies ist
jetzt Dein Weg.

Es wird mein Weg sein ins ewige Reich
und ich weiß Du spitzt zugleich, Deine
Ohren, egal wo Du dann bist, wirst
rennen zu mir, weil es aus lauter Liebe
ist.

In Liebe sind wir dann vereint - nur Du
und ich - und so hat es Gott immer
gemeint.

Zwei Herzen die immer zueinander
finden, die sich auch im Tode immer
wieder verbinden

Neues Leben im Regenbogenland

Dunkel wird der Himmel doch dann, spannt sich
ein Regenbogen als dann und wann.

Tausend Farben sind dann zu sehen, wenn Engelchen über diesen Regenbogen heimwärts
gehen.

Sie gehen in ein Land von uns Menschen das
Regenbogenland genannt.

Dort scheint immer wärmend die Sonne und mit
was für einer Wonne, kann man Tiere spielen sehen, ob groß, ob klein wandern dort die
kleinen Seelen.

Kein Schmerz mehr und keine Qual, Mancher
hatte keine Wahl und Mancher viel
zu früh gerufen, ging mit kleinen Pfoten über der
Regenbogenbrücke Stufen.

Alle sind glücklich in diesem Land, bis sie spüren
die Engelshand, dann spitzen sie die Ohren und
strecken ihre Nase in den Wind, rasen mit
den kleinen Beinchen ganz geschwind, zur

Regenbogenbrücke, dort war der Treffpunkt aus-
gemacht, wenn ihre Menschen sich
haben von der Erde für immer aufgemacht.

Zwei Augenpaare treffen sich dann, Tränen laufen über die Gesichter fortan, man nimmt
sich in die Arme, man kann die Liebe sehen, die
beide mussten entbehren, weil der eine konnte
den anderen nicht sehen.

Jetzt werden Sie niemals mehr getrennt, man hat
ihnen jetzt ein neues Leben geschenkt

Für immer, in Liebe

Dunkel und trist ist jetzt mein Leben, was hätte
ich nur dafür gegeben, mit Dir zusammen ins
Licht zu gehen und einmal die andere Seite des
Regenbogens zu sehen.

Nun bist Du nicht mehr bei mir, Du fehlst mir
sehr auf Erden hier, ich kann nicht mehr richtig
lachen und mit anderen meine Späße machen.

Sehe Dich immer noch über die Wiese gehen,
Dein Antlitz in der Sonne stehen, Du warst mein
Schatz in dunklen Tagen, hast vieles mit mir
durchgemacht und auch vieles ertragen.

Die Krankheit von Dir war schwer für uns zwei,
ganz viel Kraft eilte in dieser Zeit herbei.

Doch leider kam diese Kraft zu spät, wollte
nicht, dass Du Dich noch weiter quälst, hab Dich
geschickt auf die letzte Reise, als dann sich
schloss des Lebens letzter Kreis.

Bist jetzt da wo Du keine Schmerzen mehr
spürst, wo Dich ein neues Leben jung berührt.

Vergiss mich nicht mein geliebter Schatz, denn Du hast in meinem Herzen einen riesengroßen Platz.

Bist immer bei mir und so wird es auch bleiben, dass gute ist ich weiß Du musst nicht mehr leiden.

"Hab Dich lieb" schicke ich mit jeder Träne auf die Reise, ins RBL, so traure ich auf meine eigene Art und Weise.

Oben auf dem Wölkchen empfängst Du dann die Träne und was Du dann in den Abendhimmel schriebst möchte ich noch erwähnen, in großen Lettern steht dort geschrieben

"ich hab Dich lieb und unsere Liebe bleibt für immer bestehen".

An dem Tag, an dem Du gingst

Von Tränen und Schmerzen geplagt gehe ich hier auf Erden von Tag zu Tag.

Dich zu verlieren war meine größte Angst, wenn man mit Leib und Seele um Dein Leben bangst.

Zu sehen, wie Du alt wirst und schwach hielten mich so manche Nächte wach.

Als der Tag gekommen, an dem Du von mir gingst, bat ich die Engelein, dass man Dich selig in die Arme nimmt.

Es war ein Tag voller dunkler Macht, traurig und weinend saß ich dort in dieser trüben Nacht.

Trübe sind die Tag seit Du gegangen, doch Deine Liebe Deine Wärme kann ich immer noch empfangen.

Du bist bei mir in meinem Herzen hast Du einen Platz, ich wünsche Dir alles Gute mein geliebter Schatz.

Wirst immer bei mir sein, bis in alle Ewigkeit, bis irgendwann für uns gemeinsam die Sonne wieder scheint.

Wenn wir beide barfuß im Regenbogenland spazieren gehen und unser neues Leben gemeinsam im Himmel in die Hände nehmen

Mein Sternenkind

Mein Sternenkind das gibt auf mich Acht, hält Tag und Nacht über mich Wacht.

Mein Sternenkind, oh was hat es mir bedeutet, hat mir so schöne Stunden im Leben bereitet.

Mein Sternenkind, war mein Ein und Alles für mich, brachte an dunklen Tagen in mein Leben wieder Licht.

Mein Sternenkind, jetzt ist es nicht mehr, Trauer und Tränen lasten auf mir schwer.

Mein Sternenkind, ich denke so oft an Dich, warst die Liebe meines Lebens für mich.

Doch in meinem Herzen trage ich Dich, mein Sternenkind, für immer und ewiglich.

Du bleibst die Liebe und mein Fels in der Brandung, in meinem Herzen bleiben alle schönen Erinnerungen.

Bis zu dem Tag, wo ich nicht mehr und als Sternenkind komme zu Dir.

Zeit für Träume

Jetzt, wo Du nicht mehr da bist, nehme ich mir Zeit für Träume.

Dann sehe ich Dich, wie Du als kleines Kitten durch die Wohnung sprangst, Deine Fellmaus im Mund und ganz stolz zu mir kamst um mir zu sagen, schau mal was ich für Dich habe.

Ich sehe Dich überall und an vielen Stellen nehme ich mir die Zeit und mache die Augen zu, nur um Dich wieder zu sehen. Mit wehendem Fell läufst Du über die Wiese, starrst beharrlich auf Deine Mäuselöcher während die Sonne hinter Dir untergeht.

Selbst im dicksten Nebel sehe ich Dich vor meinen Augen, wie Du nach Schneeflocken jagst.

In der Zeit für Träume bist Du immer bei mir und gehst nie wieder weg.

In dieser Zeit kann ich Dich spüren, riechen und hören, wenn ich möchte.

Du bleibst mein für immer und ich werde immer Dein sein, dort oben im Regenbogenland.

Und wer weiß vielleicht nimmst Du Dir ja auch die Zeit für Träume und irgendwann, dann träumen wir gemeinsam.

Meine Erinnerung an Dich

Klein warst Du und süß mein Schatz als
Du fandst Deinen Platz, in Mitten von
Liebe gebettet, ja ich hatte Dich gerettet,
aus dem kalten Ort, nahm Dich in
meinen Armen davon fort.

Du wurdest eine Schönheit mit so viel
Anmut und Pracht, machtest mir
Freude bei Tag und bei Nacht. Du wusstest hier war Dein Ort, nie würdest Du
gehen hiervon fort.

Eine kleine Familie waren wir, die Liebe
zu Dir und Deiner Schwester, war immer hier. Was hattet ihr ein schönes
Leben, manches kleine Tier würde so
viel darum geben, einmal dieses zu
erfahren und im Herzen diese Liebe
immer zu bewahren.

Doch auch Du mein Schatz wurdest alt
und gebrechlich, es gab Tage da war
vieles für mich unheimlich schrecklich.
Doch den einen Tag den wollte ich noch
nicht sehen, nein ich wollte mit Dir noch
lange durch das Leben gehen.

Aber irgendwann da kam dieser Tag,
wollte es nicht wahr haben, dass ich eine
Entscheidung zu treffen hab. Nein
quälen wollte ich Dich nicht, solltest in
Würde sterben und mit Anmut gehen
ins Licht.

Das war mein letzter Liebesdienst von
mir an Dich, der aus meinem tiefsten
Herzen sagte, ich liebe Dich ewiglich.

Diese eine Sekunde hat mein Leben
verändert, bin durch das Tal der Tränen und der tiefen Trauer gewandert.
Mein Weg hat noch kein Ende gefunden,
dunkel und holprig dreh ich meine Runden.

Kann bis heute nicht verstehen, warum
es so kommen musste, kann nicht
verstehen und verarbeiten Deinen
Verlust.

Aber die Erinnerung an Dich ist tief in
meinem Herzen und so ertrage ich still
die Schmerzen.

Für immer und ewig werde ich die
lieben, ein großer Platz für Dich in
meinem Herzen ist geblieben.

Irgendwann werde ich die Sonne wieder
sehen und wir beide werden gemeinsam
im Regenbogenland spaziere gehen.

Bis dahin schau ich zum Himmel hinauf
und werde Dich finden, wenn ich sehe
den schönsten Stern, wie er am Himmel
verläuft.

Ich liebe Dich mein Schatz und in meinem Herzen wirst Du habe ewiglich
einen Platz.

Die Tür des Lebens und des Todes

Klein und zerbrechlich warst Du als Du
zu mir kamst, nahmst mir alle Trauer,
die über meinem Leben lag.

Hast gekuschelt und geschmust hast mir
gezeigt, dass es gab wieder Lebenslust in
meinem kleinen Reich.

Warst bei mir in guten und in
schlechten Zeiten, hast mich mit Deiner
Liebe wohl begleitet.

Dankbar bin ich Dir dafür, dass Du mir
gezeigt hast eine andere Tür. Eine Tür
die sich Leben nennt und Du hast mir so
unendlich viel damit geschenkt.

Doch dann kam die Zeit, dann kam der
Tag, der eine andere Tür geöffnet hat.

Die Tür der Trauer und der Tränen,
wofür ich mich für keine Einzige
schäme.

Die Tür, die Dir das Licht gezeigt auf
Deinem Weg ins ewige Reich.

Seit 2 Jahren nunmehr sind beide Türen
geschlossen, die des Lebens und der
Trauer und Tränen werden immer noch
vergossen.

Irgendwann wird sich für mich wieder
eine Tür öffnen auf der steht, dies ist
jetzt Dein Weg.

Es wird mein Weg sein ins ewige Reich
und ich weiß zugleich spitzt Deine
Ohren, egal wo Du dann bist, Du wirst
rennen zu mir, weil es aus lauter Liebe
ist.

In Liebe sind wir dann vereint - nur Du und ich - und so hat es Gott immer gemeint.

Zwei Herzen die immer wieder zueinander finden, die sich auch im Tode immer wieder verbinden.

Wenn Sterne heimwärts gehen

Es kam der Tag, da flog ein Stern durch
die dunkle Nacht, dieses Leuchten hatte
so viel Macht, es war so wunderschön
anzusehen, wenn Sterne heimwärts
gehen.

Sie schweben leicht durch die kühle
Nacht, es ist eine wundervolle Pracht,
wenn kleine Sterne die Nacht
erhellen und die ewige Bindung zu
unserem Herzen herstellen.

So leuchtet es tief in uns für alle Ewigkeit, alle die Liebe, die wir gegeben wird
hier aufbewahrt.

So leuchtet unser Stern am fernen Firmament und wer die Wärme tief in unserem Herzen erkennt, der weiß
wie sehr wir geliebt haben und unser

Liebstes bis zum Ende unseres Lebens
im Herzen bewahren.

Nachwort

Trauer ist eine schwierige Zeit. Jeder verarbeitet seine Trauer auf seine Weise.

Vielleicht konnte ich mit diesem Buch ein wenig Hilfe geben, die Trauer und die Schmerzen zu lindern.

In liebevoller Erinnerung an meine Katzen Pinki, Sina und Mikosch.

Zeitfracht Medien GmbH
Ferdinand-Jühlke-Straße 7
99095 Erfurt, Deutschland
produktsicherheit@kolibri360.de